TESOUROS DA BANDA

THE ROLLING STONES

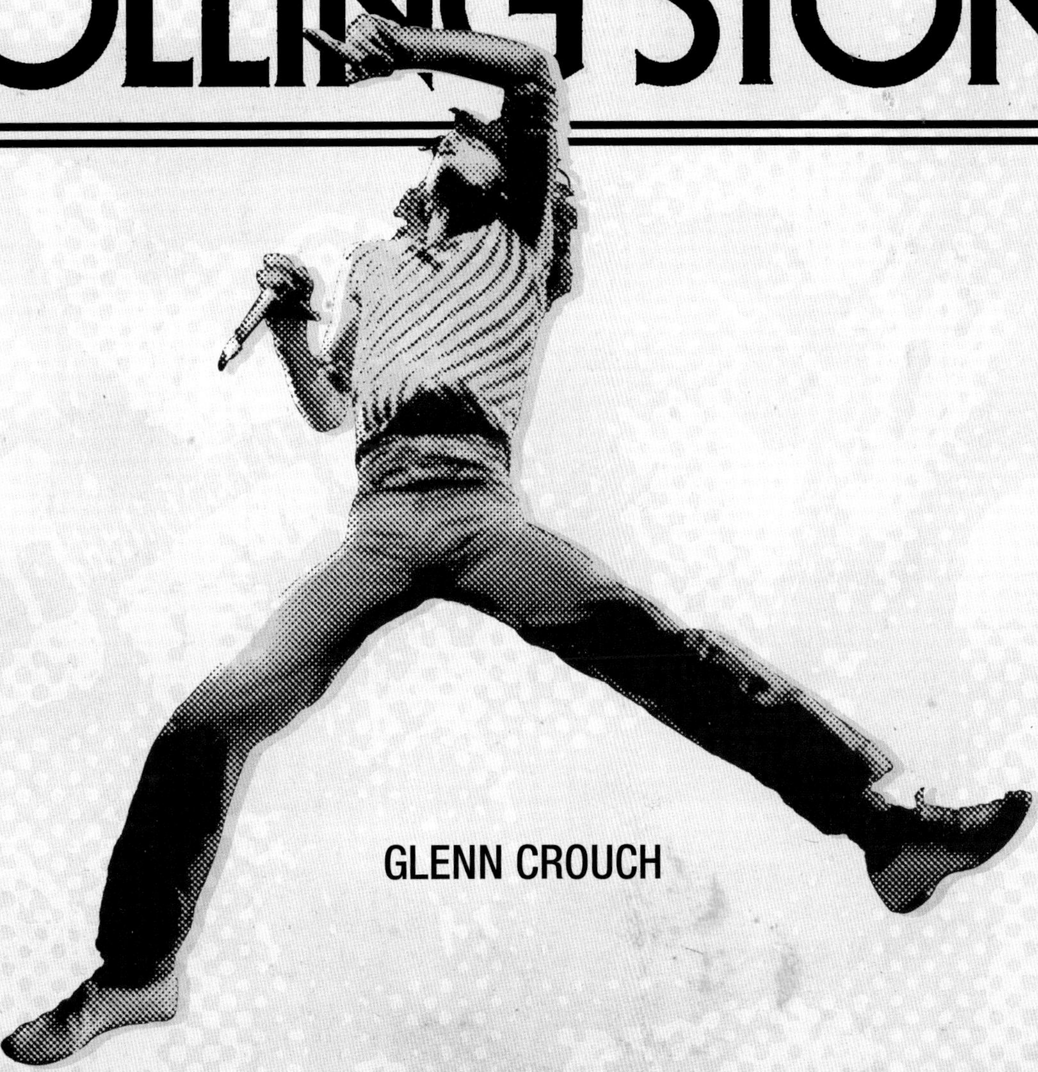

GLENN CROUCH

SUMÁRIO

INTRODUÇÃO

Quem teria suspeitado, em 1962, quando os jovens e iniciantes Rolling Stones apareceram, que eles ainda estariam conosco cerca de cinquenta anos depois? Até então nunca se soubera de uma manifestação pop com tamanha longevidade. De fato, a própria banda não esperava durar mais de dois ou três anos.

Este livro é uma história concisa "da maior banda de rock'n'roll" do mundo, desde suas raízes na cena blues e R'n'B de Londres, atravessando a loucura e os escândalos dos anos 1960, a ampla celebridade dos anos 1970 e as megaturnês dos anos 1980 até os dias atuais.

Neste livro, reunimos incríveis documentos sobre momentos memoráveis e efêmeros, como raras notas escritas à mão, ingressos, set lists, cartazes promocionais etc. Espero que você curta esta volta aos primórdios do rock'n'roll.

Glenn Crouch

OS PRIMEIROS ANOS

Grã-Bretanha, final dos anos 1950: os terríveis efeitos da Segunda Guerra Mundial ainda são visíveis na economia da região e na psicologia da geração que lutou e viveu o conflito. As crianças que nasceram durante os anos da guerra agora estão se tornando adolescentes, impacientes para se livrarem do sufocante peso das expectativas e das atitudes dos pais. Muitos procuram inspiração na América. Os soldados americanos ainda estão baseados no Reino Unido e na Europa Ocidental, e a estação de rádio American Forces Network pode ser ouvida facilmente. Jazz e, mais tarde, blues, R'n'B e rock'n'roll entram nas casas dos adolescentes, ansiosos por ouvir essa nova música, excitante e rebelde.

Acima: Crawdaddy Club, Richmond, em abril de 1963.

Entre eles estavam Michael Philip Jagger e Keith Richards, ambos morando em Dartford, a noroeste de Kent, o jardim da Inglaterra, a apenas 25 km do centro de Londres.

Segundo a lenda, embora se conhecessem e até tivessem estudado na mesma escola, os dois não eram próximos até se encontrarem em um trem em novembro de 1961, quando Keith, vendo que Mick carregava alguns discos de Chuck Berry debaixo do braço, iniciou uma conversa com seu futuro comparsa. Por coincidência, os dois tinham um amigo em comum, Dick Taylor, aficionado por blues, que estudava com Keith no Sidcup Art College e com quem Mick já tocara em uma banda, ainda que esta se apresentasse apenas no quarto de Dick.

Embora Keith fosse um tanto tímido, sua curiosidade natural logo o levou a criar coragem para participar dos ensaios no quarto de Taylor, que tocava uma bateria rudimentar com Mick nos vocais e na gaita e Allen Etherington na guitarra.

Em março de 1962, após ter lido na *Melody Maker* que um clube especializado em blues e R'n'B abrira em Ealing, no oeste de Londres, a banda – então chamada Little Boy Blue and the Blue Boys – foi até lá para ver a apresentação do conjunto Blues Incorporated, de Alexis Korner. Aí é que encontraram Elmo Lewis, nome de guerra de Brian Jones.

Abaixo: Alexis Korner, líder do movimento British Blues.

Acima: o grupo quando ainda era oficialmente um sexteto, com Ian Stewart nas maracas.

DICK TAYLOR

Dick Taylor nasceu em 28 de janeiro de 1943, em Dartford, Kent. Foi colega de escola de Mick na Dartford Grammar School e amigo próximo de Keith quando ambos estudavam no Sidcup Art College. No começo, Dick tocava bateria, mas logo foi promovido à guitarra. Após ter sido indicado para o baixo quando Brian Jones se juntou aos Rollin' Stones, Dick decidiu deixar a banda para se dedicar aos estudos, no final de 1962. Ele disse nunca ter lamentado essa mudança e voltou à música quando formou The Pretty Things (cujo nome vem da canção de Bo Diddley, "Pretty Thing"), com o cantor Phil May, em setembro de 1963.

A banda The Pretty Things foi vista como uma versão mais selvagem e agressiva dos Stones e teve uma série de sucessos, entre os quais "Rosalyn", "Don't Bring Me Down" e "Honey I Need". Seu álbum *SF Sorrow*, lançado em 1968, clássico do rock psicodélico, é considerado como um dos álbuns mais influentes de sua época.

Abaixo: Dick Taylor até hoje se apresenta com The Pretty Things.

Brian tocava *slide guitar* com o Blues Incorporated de uma maneira incrível. Logo, ele, Mick, Keith e Dick se tornaram bons amigos.

Em maio do mesmo ano, os Blue Boys eram tão bem-vistos por Korner que logo foram convidados a se apresentar ocasionalmente com o grupo. Estavam em boa companhia, já que entre os outros convidados a subir no palco junto com o Blues Incorporated estavam Paul Jones (mais tarde líder do Manfred Mann) e Long John Baldry.

Brian, impressionado com a presença de palco de Mick e sua habilidade vocal, convidou-o a entrar na banda que ele estava formando com Ian Stewart, Brian Knight e Geoff Bradford. Mick aceitou, com a condição de que Keith também fosse. Brian concordou, mas não Knight e Bradford, ao ponto de convidarem Taylor para tocar o baixo, instrumento que nunca tocara antes.

Em meados de 1962, o grupo Little Boy Blue and the Blue Boys abandonou seu complicado nome para se tornar The Rollin' Stones, nome de uma das mais conhecidas músicas de Muddy Waters. A banda estava iniciando sua carreira, mas os shows pagos eram raros, e não havia baterista fixo. Vários foram testados, entre os quais Trevor Chapman, Mick Avory (mais tarde dos Kinks) e Charlie Watts, do Blues Incorporated.

Chapman ocupava a vaga quando a banda gravou uma demo nos Curly Clayton Sound Studios, em Highbury, no norte de Londres, em 27 de outubro de 1962. Segundo a lenda, ao ouvi-la, um executivo da Decca Records disse que, mesmo promissores, "eles não iam dar certo com esse cantor".

Logo, Dick Taylor decidiu, frustrado por tocar baixo e não guitarra, sair da banda. Seu substituto foi Bill Wyman (sobrenome de batismo: Perks), baixista da banda de rock The Cliftons, com a qual os Stones frequentemente se apresentavam.

Com a popularidade em alta e shows regulares (inclusive apresentações semanais no Crawdaddy Club, em Richmond), a instabilidade de Trevor Chapman se tornou um problema. Finalmente, após muita insistência, conseguiram persuadir Charlie Watts a trocar o Blues Incorporated pelos Stones.

1963: A BANDA SE FIRMA

Logo a banda chamou de novo a atenção da Decca Records e, em particular, de Dick Rowe, conhecido por ter rejeitado os Beatles. Rowe, não querendo cometer outro erro, aceitou a contragosto firmar um contrato de gravação com Andrew Loog Oldham, que, naquela altura, havia usado seu charme para cortejar os membros da banda, persuadindo-os de que seria interessante que ele se tornasse seu empresário. Oldham era um original agitador cultural que havia trabalhado meio período com Brian Epstein como agente dos Beatles.

O dom de persuasão de Oldham era tamanho que ele conseguiu fechar um acordo com a Decca no qual possuía controle total sobre o processo de gravação da banda, de forma que, no final, ele licenciava a gravação pronta para a Decca.

7 DE JUNHO DE 1963

Compacto: Come On/I Want To Be Loved (Decca F11675)

Era inevitável que os Stones quisessem gravar uma canção de Chuck Berry no seu primeiro compacto. Para poderem atingir um bom nível comercial sem trair o espírito da banda, a escolha de Berry era bastante óbvia. No entanto, várias entre suas mais conhecidas canções já haviam sido regravadas, notadamente pelos Beatles. Assim, pela necessidade de se diferenciar, os Stones optaram por gravar "Come On". Para o lançamento dessa música, a banda foi vista na TV pela primeira vez, no *Thank Your Lucky Stars,* vestindo paletó, colarinho e gravata!

Abaixo: bem-vestidos e de botas – os amplificadores Vox também têm bela aparência.

À esquerda: Andrew Loog Oldham dirige a banda nos Olympic Studios em maio de 1963.

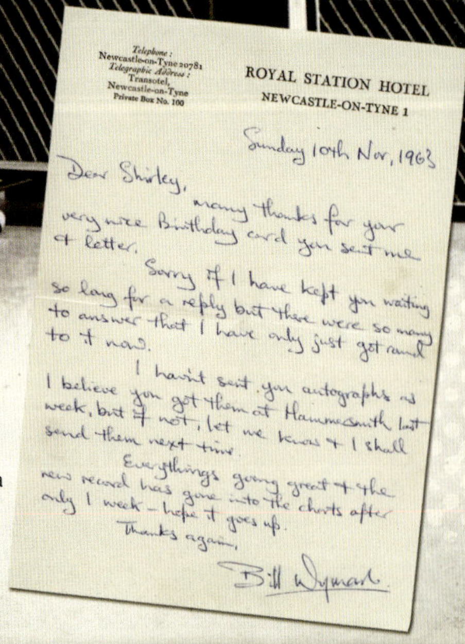

Telephone: Newcastle-on-Tyne 20781
Telegraphic Address: Transotel, Newcastle-on-Tyne
Private Box No. 100

ROYAL STATION HOTEL
NEWCASTLE-ON-TYNE 1

Sunday 10th Nov, 1963

Dear Shirley,

many thanks for your very nice Birthday card you sent me & letter.

Sorry if I have kept you waiting so long for a reply but there were so many to answer that I have only just got round to it now.

I haven't sent your autographs as I believe you got them at Hammersmith last week, but if not, let me know & I shall send them next time.

Everything's going great & the new record has gone into the charts after only 1 week - hope it goes up.

Thanks again,

Bill Wyman

À direita: carta de Bill Wyman, escrita à mão, para Shirley Arnold, a fundadora do fã-clube dos Stones.

1º DE NOVEMBRO DE 1963

Compacto: I Wanna Be Your Man/Stoned (Decca F 11764)

Nesta história, os Beatles deram uma mão. No final de 1963, o Merseybeat, o estilo dos Beatles, com estes liderando, estava com tudo, e os Stones, que precisavam lançar outro sucesso comercial depois do primeiro compacto, não estavam dispostos a descartar a grande oportunidade de poder gravar uma canção ainda inédita de Lennon e McCartney, oferecida pela dupla depois de Andrew Loog Oldham abrir completamente o coração em uma noite de bebedeira no Variety Club, no Savoy Hotel de Londres.

O lado B era uma das primeiras tentativas de Jagger e Richards de compor seu próprio material (sob o pseudônimo de Nanker, Phelge) – uma apropriada faixa bluesy, com forte presença do piano.

Já no começo de 1964, os Stones, apesar de terem lançado apenas dois compactos, estavam prestes a se tornarem o novo fenômeno pop do Reino Unido. Desde meados de julho de 1963 até o fim desse ano, eles fizeram mais de cem shows, inclusive um pacote de turnês com os Everly Brothers e Bo Diddley. Também haviam aparecido seis vezes na TV, três no *Thank Your Lucky Stars* e três no maior programa dos anos 1960, *Ready Steady Go!*

À direita: a banda no *Ready Steady Go!*, em agosto de 1963. Repare no baixo caseiro de Bill Wyman, sem os trastes.

À esquerda: "a carta fora do baralho" – Ian Stewart, no teclado.

IAN STEWART (1938–1985)

Ian Andrew Robert Stewart nasceu em Pittenweem, Fife, Escócia, em 18 de julho de 1938, e foi criado em Sutton, Surrey, Inglaterra. O "sexto Stone", Stu, como o chamavam carinhosamente, ficou com a banda apesar das dificuldades e mesmo depois que Andrew Loog Oldham o afastou por ser (segundo o próprio Oldham) "uma carta fora do baralho".

Como era um pouco mais velho que os outros, exceto Bill Wyman, às vezes parecia um pai, especialmente para Mick, Keith e Brian. Era sem dúvida o organizador do grupo, o único a ter acesso a um telefone; durante o expediente, em seu trabalho na companhia telefônica ICI, recebia as chamadas e marcava compromissos. Mais tarde, chegou a comprar uma van, cuidar das turnês e levar a banda até os locais dos shows. Brincalhão, Stu se referia aos colegas como "minhas pequenas maravilhas de três acordes".

Mas foi no começo de 1963, quando a banda começou a aparecer, que Oldham deu um jeito de tirá-lo do caminho. Segundo Oldham, além da aparência conformista de Stu, uma banda de rock'n'roll não podia ter seis membros, pois o público jovem nunca iria lembrar mais do que cinco nomes.

Apesar de isso ter sido especialmente arrasador, Stu permaneceu leal e, mesmo deixando de ser membro oficial, sempre fez parte da equipe, até sua morte prematura, decorrente de ataque cardíaco, em 1985.

Além de ter tocado piano e órgão em várias gravações dos Stones até *Undercover*, em 1983, Stu também apareceu em "Rock and Roll", de Led Zeppelin (*Led Zeppelin IV*, 1971), em "Boogie with Stu" (*Physical Graffiti*, 1975), em gravações dos Yardbirds, de George Thorogood and the Destroyers e no álbum *Howlin' Wolf*, de 1971 (lançado no selo Rolling Stones Records), em que também tocaram Charlie Watts, Bill Wyman e Eric Clapton, entre outros.

No final dos anos 1970, Stu formou o Rocket 88, uma banda de pessoal variável, em que inúmeras vezes tocaram, como membros, Charlie Watts, Bob Hall, George Green, Colin Smith e John Picard. Um álbum ao vivo da banda, gravado na Alemanha em 1979, foi lançado pela Atlantic Records em 1981.

1964: ROCK E REBELDIA

A frenética agenda de shows no final de 1963 e a grande cobertura da imprensa catapultaram os Stones na consciência nacional: tanto é que, depois de se apresentar no dia de Ano-Novo no programa *Top of the Pops*, a banda embarcou para sua primeira turnê nacional como artista principal – foram catorze dias ao redor do país com as Ronettes. Isso deu início a um ano realmente intenso, em que a banda tocou na América do Norte pela primeira vez, lançou seu álbum de estreia e obteve uma série de grandes sucessos, entre os quais seu primeiro nº 1 no Reino Unido.

17 DE JANEIRO DE 1964

The Rolling Stones EP (Decca DFE 8560)

Bye Bye Johnny/Money/You Better Move On/Poison Ivy

No começo dos anos 1960, os EPs (*extended play*), também conhecidos como compactos duplos, eram uma importante ferramenta de marketing para a indústria musical, um meio-termo entre os compactos simples e os LPs.

O primeiro EP da banda contém quatro faixas, mas foi a versão da canção de Arthur Alexander "You Better Move On" que caiu no gosto do público, ajudando as vendas.

À esquerda: foto antes de um programa de TV em Montreux.

GRANADA

JANUARY 1964

GROUP SCENE '64 with the RONETTES and ROLLING STONES

program one shilling

À direita: raro programa da turnê no Granada de Harrow-on-the-Hill, em janeiro de 1964.

21 DE FEVEREIRO DE 1964

Compacto – Not Fade Away/Little By Little (Decca F 11845)

Buscando repetir o sucesso do EP, os Stones fizeram uma versão à Bo Didley da canção de Buddy Holly "Not Fade Away". Chegaram ao 3º lugar da parada pela primeira vez.

26 DE ABRIL DE 1964

The Rolling Stones (Decca LK 4605)

Route 66/I Just Want To Make Love To You/Honest I Do/I Need You Baby (Mona)/Now I've Got a Witness/Little by Little/I'm a King Bee/Carol/Tell Me (You're Coming Back)/Can I Get a Witness/You Can Make It If You Try/Walking the Dog

Com um rock áspero, urgente e inquieto do seu repertório inicial, o primeiro álbum da banda, quase cinquenta anos após seu lançamento, ainda é visto como um dos melhores da carreira. Rústico talvez, mas totalmente condizente com o que a banda era e com o que pretendia mostrar naquela época incrível.

Gravado em cinco dias no Regent Sound da Denmark Street, no coração do West End de Londres, *The Rolling Stones* tem cerca de 30 minutos de duração. As influências dos Stones estão aqui para todo mundo ver: Jimmy Reed ('Honest I Do'), Slim Harpo ('I'm a King Bee'), Willie Dixon ('I Just Want To Make Love To You'), Chuck Berry ('Carol'), Rufus Thomas ('Walking the Dog'). Há até mesmo um aceno à novata Motown, com "Can I Get a Witness" (Holland/ Dozier/ Holland), e também uma canção original de Jagger/Richards: "Tell Me (You're Coming Back)". O álbum chegou ao 1º lugar e se manteve na parada inglesa por cerca de doze meses.

Primeira viagem aos EUA

Sem ter um verdadeiro dia de descanso desde o começo do ano, os Rolling Stones chegaram ao Aeroporto JFK no dia 1º de junho, sendo recebidos por quinhentos fãs histéricos. Seguindo uma agenda de compromissos profissionais, a banda foi até a Costa Oeste para participar do programa de TV de Dean Martin, *Hollywood Palace*, e dar início à primeira turnê pelos EUA em San Bernardino, dois dias depois.

A não ser por umas poucas apresentações, a turnê não fez muito sucesso, mas a fervorosa reação dos fãs, a cobertura histórica da imprensa e o famoso comentário de um "animado" Dean Martin: "O cabelo deles não é comprido; é que eles têm testa pequena e sobrancelhas altas", tudo isso combinado levou a banda a voltar ainda no mesmo ano.

À direita: os Barron Knights dividem o palco com os Stones no Bournemouth Gaumont, em 1964.

Acima: a infame participação no *Juke Box Jury*, em junho de 1964.

26 DE JUNHO DE 1964

Compacto: It's All Over Now/Good Times Bad Times (Decca F 11934)

Gravado no lendário estúdio Chess, em Chicago, nos dias 10 e 11 de junho, essa brilhante versão do sucesso original de Bobby e Shirley Womack para The Valentinos foi o primeiro nº 1 da banda no Reino Unido. No lado B está uma canção original de Jagger/Richards. A banda até recebeu no estúdio a visita dos seus ídolos, Muddy Waters e Chuck Berry.

De volta à Inglaterra depois da aventura americana, a banda gravou uma infame participação no *Juke Box Jury*, um programa de TV semanal da BBC que tinha mais de 12 milhões de telespectadores e que ajudaria a aumentar a fama crescente da banda. O formato do programa incluía um momento em que os cinco Stones escutavam novas músicas e julgavam se elas iam ser sucessos ou fracassos. Como mandava o figurino, a banda decidiu que a maior parte das oito canções ia fracassar. Até disseram que Elvis estava ultrapassado, para a alegria da imprensa local no dia seguinte.

Acima: A. L. Oldham – talvez o mais descontraído empresário do rock.

À esquerda: fãs histéricas em Nova York.

14 DE AGOSTO DE 1964

Five by Five EP (Decca DFE 8590)

If You Need Me/Empty Heart/2120 South Michigan Avenue/ Confessin' the Blues/Around and Around

Gravado em Chicago ao mesmo tempo que "It's All Over Now", "Five by Five" inclui uma homenagem ao lendário estúdio Chess em "2120 South Michigan Avenue" e uma ótima versão de "Around and Around", de Chuck Berry.

13 DE NOVEMBRO DE 1964

Compacto: Little Red Rooster/Off the Hook (Decca F 12014)

A decisão de gravar a canção bluesy de Willie Dixon, "Little Red Rooster", depois do grande sucesso de "It's All Over Now", era ousada, para não dizer temerária. Mas não havia mais como parar os Stones. Assim como a anterior, a música chegou ao nº 1 em pouquíssimo tempo.

1965: MIJO ONDE QUERO

Depois de três shows na Irlanda, um show no Commodore Theatre, em Hammersmith, e uma visita relâmpago aos estúdios da RCA em Hollywood, onde gravaram "The Last Time", os Stones então foram até Sydney, na sua primeira viagem ao hemisfério Sul. Os fãs e a mídia local festejaram a chegada da banda, que já tivera nove sucessos na Austrália. Havia 3 mil fãs no aeroporto, e, nos 34 shows na Austrália e na Nova Zelândia, a banda acabou tocando para mais de 100 mil pessoas.

30 DE JANEIRO DE 1965

The Rolling Stones nº 2 (Decca LK 4661)

Everybody Needs Somebody To Love/Down Home Girl/You Can't Catch Me/Time Is on My Side/What a Shame/Grown Up Wrong/Down the Road Apiece/ Under the Boardwalk/I Can't Be Satisfied/Pain in My Heart/Off the Hook/Susie Q

O segundo álbum dos Stones ia na linha do anterior. Contudo, dessa vez, com muitas bandas inglesas seguindo seus passos e gravando antigas canções americanas de blues e R'n'B, os Stones precisavam ser um pouco mais incisivos em sua escolha de canções apropriadas. Por isso, misturaram os gêneros: gravaram canções recentes, como "Everybody Needs Somebody To Love", de Solomon Burke, "Time Is on My Side", de Irma Thomas, "Pain in My Heart", de Otis Redding, e "Under the Boardwalk", dos Drifters; mas registraram também "You Can't Catch Me", de Chuck Berry, de 1956, e "Suzie Q", de Dale Hawkins, de 1957.

Agora, a parceria Jagger/Richards já estava começando a dar resultados, e "Off the Hook" era uma de suas melhores canções até então.

26 DE FEVEREIRO DE 1965

Compacto: The Last Time/Play with Fire (Decca F12104)

Diz-se que, ao trancar Mick e Keith em uma sala, proibindo que saíssem sem compor um sucesso, Andrew Loog Oldham, nem que tivesse sonhado, jamais poderia imaginar um melhor resultado. O primeiro lado A escrito por Jagger/Richards, "The Last Time", foi o marco inicial de uma série de compactos que entraram verdadeiramente no ritmo e selaram a parceria de Mick e Keith como compositores. Outro nº 1, e outro triunfo!

Acima: longe da multidão enlouquecida – Brian, Mick e Charlie fazem uma caminhada na praia durante a primeira turnê da banda na Austrália.

À direita: "*Bravo* apresenta a sensação da banda de maior peso do mundo – The Rolling Stones" ou algo assim...

No dia 18 de março aconteceu um incidente que ficaria marcado na história dos Stones e serve para mostrar como muitas pessoas ainda enxergavam a banda nessa época. Voltando do último show do grupo no ABC de Romford, a lendária bexiga de Bill Wyman acabou por deixá-lo mais uma vez num grande aperto. Ao parar em um posto de gasolina em Stratford, Wyman inocentemente perguntou se podia usar o toalete. Um certo Charles Keeley ficou tão ofendido com aqueles "monstros cabeludos" que disse para Bill e Mick "se mandarem", o que supostamente levou Wyman a atravessar a estrada e urinar em um muro, dizendo ao sr. Keeley: "Mijo onde quero, cara". Seguiu-se um escândalo nacional, e Bill, Mick e Brian foram multados em £ 3 cada um por comportamento ultrajante.

11 DE JUNHO DE 1965

EP: Got Live If You Want It! (Decca DFE 8620)

We Want the Stones/Everybody Needs Somebody To Love/ Pain in My Heart/Route 66/I'm Moving On/I'm Alright

Gravação ao vivo registrada na turnê que a banda fez em março do mesmo ano.

20 DE AGOSTO DE 1965

Compacto: (I Can't Get No) Satisfaction/The Spider and the Fly (Decca F1220)

Uma das mais importantes canções dos Stones, "Satisfaction" foi gravada no Chess Studios, em Chicago, em meio a uma maratona de sessões de gravação no começo de maio, em plena turnê da banda pelos EUA. Keith diz que tinha sonhado com o riff e acordara para gravá-lo numa fita cassete e depois voltou a dormir. Ao acordar, mais tarde, no dia seguinte, descobriu a gravação do riff dedilhada na guitarra, seguida por 40 minutos de roncos!

"Satisfaction" foi a primeira canção dos Stones a alcançar o topo da parada dos dois lados do Atlântico.

Acima: edição francesa de "Satisfaction" – um EP com quatro faixas e uma foto da banda no meio da Avenue des Champs-Élysées.

À direta: foto ao vivo!

À esquerda: dois estilos diferentes de empresário – o mordaz Allen Klein e o evasivo A. L. Oldham.

6 DE SETEMBRO DE 1965

Out of Our Heads (Decca SKL 4733)

She Said Yeah/Mercy, Mercy/Hitch Hike/That's How Strong My Love Is/Good Times/Gotta Get Away/Talkin' 'Bout You/Cry To Me/Oh Baby (We Got a Good Thing Going)/Heart of Stone/The Under Assistant West Coast Promotion Man/I'm Free

O terceiro álbum dos Stones em menos de 18 meses – e o primeiro inteiramente gravado nos EUA – é superior aos dois primeiros, já que a banda mostra mais experiência técnica e de gravação, e Mick e Keith já sabiam compor canções melhores. Embora produzido por Andrew Loog Oldham, é possível dizer que os lendários engenheiros americanos Dave Hassinger e Ron Malo tiveram grande influência no som do disco. Tem mais unidade e energia que os anteriores, e mostra novamente o gosto impecável da banda quando se trata de escolher regravações da música afroamericana contemporânea. Contudo, neste álbum, a banda incluiu quatro composições originais, mostrando sua confiança nos progressos que fizera nesse curto espaço de tempo. Dessa vez, o destaque foi "Heart of Stone", melancólica balada que muitos pensaram ser uma soul music oriunda do sul dos EUA.

12 DE OUTUBRO DE 1965

Compacto: Get Off of My Cloud/The Singer Not the Song (Decca F 12263)

Outro clássico e ótimo seguimento a "Satisfaction", embora Keith tenha declarado estranhamente nunca ter gostado da gravação por ser rápida demais e uma das "piores produções" de Andrew Loog Oldham. Porém, outros se sentiram convencidos; Nick Cohn, veterano jornalista de rock, disse que captava bem o espírito dos anos 1960, assim como "Blue Suede Shoes" fizera com os anos 1950. O público concordou, e "Get Off of My Cloud" alcançou o topo da parada inglesa.

1966: VOCÊ SABE ANDAR SOBRE A ÁGUA?

No começo de 1966, o *New Musical Express* apareceu com a informação de que o LP dos Stones que estava prestes a ser lançado se chamaria *Could You Walk on the Water?* Na capa do novo disco estaria a fotografia de uma caixa-d´água com a cabeça dos Stones emergindo do líquido. Descobriu-se então que tudo não era mais do que uma brilhante peça de Andrew Loog Oldham. Contudo, a notícia atiçou a diretoria do selo Decca. Um porta-voz do selo foi citado dizendo: "Nunca lançaríamos o disco com esse título, de jeito nenhum!"

Depois de passar cerca de dezoito meses em turnê, gravação e divulgação, os Stones estavam mostrando sinais de cansaço e precisavam desesperadamente fazer uma pausa. Contudo, ainda tinham que cumprir shows na Europa e na Austrália antes de lançar seu quarto álbum, *Aftermath*.

4 DE FEVEREIRO DE 1966

Compacto: 19th Nervous Breakdown/As Tears Go By

(Decca F 12331)

Talvez a canção tenha sido inspirada no fato de a banda estar literalmente esgotada, mas Mick, como sempre, foi reservado sobre o sentido exato ("Não é sobre nada. É apenas sobre uma garota neurótica, e só"), embora Marianne Faithfull tenha dito que Mick escreveu a letra depois de tomar ácido com sua namorada da época, Chrissie Shrimpton. O lado B, raro momento de ternura na obra dos Stones, é uma canção que foi escrita para Marianne no ano anterior.

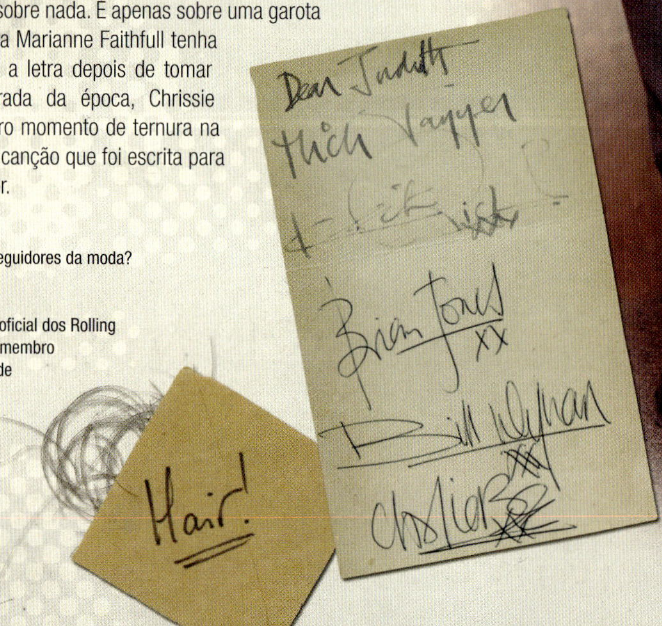

Acima, à direita: verdadeiros seguidores da moda? Foto da banda em 1965.

À direita: autógrafo do fã-clube oficial dos Rolling Stones, com assinatura de cada membro e (supostamente) uma madeixa de cabelo de Bill Wyman!

À esquerda: Mick, em março de 1966.

No meio: Brian, em outubro de 1966.

Ao lado: Keith assediado por fãs, em junho de 1966.

15 DE ABRIL DE 1966:

Aftermath (Decca SKL 4786)

Mother's Little Helper/Stupid Girl/Lady Jane/Under My Thumb/Dontcha Bother Me/Goin' Home/Flight 505/High and Dry/Out of Time/It's Not Easy/I Am Waiting/Take It or Leave It/Think/What To Do

É realmente incrível que, depois de tantos percalços, os Stones tenham conseguido produzir este que é seu trabalho mais completo até então. Porém, nessa altura dos anos 1960, a criação de músicas pop estava começando a alcançar novos patamares de criatividade, com *Rubber Soul*, dos Beatles, *Highway 61 Revisited*, de Bob Dylan, e a obra-prima *Pet Sounds*, dos Beach Boys, e os Stones não queriam ficar para trás. Assim, este seu primeiro álbum de composições próprias tem sido subestimado dentro dos cânones da música pop, embora a banda estivesse se superando em termos de composição, instrumentação e arranjos. Além de exímio guitarrista, Brian Jones estava se tornando um músico de múltiplos talentos, tocando gaita, saltério, marimba e espineta. No entanto, como notou o engenheiro Dave Hassinger, a banda estava ficando cada vez menos unida. A parceria na composição fizera com que Mick e Keith se aproximassem, e Andrew com frequência os incentivava e mimava. Watts e Wyman, mais calmos e calados, tinham sua própria parceria, uma das melhores seções rítmicas que havia, e isso deixava Brian um tanto sozinho.

Embora se sentisse cada vez mais isolado tanto no estúdio como na estrada, era gravando (quando ele decidia comparecer) que Brian desabrochava, talvez incentivado por sua florescente relação com a atriz e modelo italiana Anita Pallenberg. Seu modo de tocar ilumina todo o disco *Aftermath*, tanto o saltério em "Lady Jane", particularmente bonito, como as marimbas na brilhante "Under My Thumb", apoiando com perfeição a explosão das guitarras e da bateria.

Aftermath possui uma série de momentos magníficos, desde a salva da abertura de "Mother's Little Helper" ("What a drag it is getting old"), passando por "Lady Jane", 'Under My Thumb", "Flight 505" e "Out of Time", até a última, "What To Do", que trata do tédio de estar na estrada. Porém, a faixa principal aqui é a épica canção de 11 minutos que encerra o lado A do vinil original, "Goin' Home". Com a participação de Ian Stewart no piano, a canção começa convencionalmente, mas depois de 3 minutos muda para uma eletrizante aceleração. Com isso, a banda ia abrir novos caminhos para chegar ao firmamento do rock.

13 DE MAIO DE 1966

Compacto: Paint It Black/Long Long While (Decca F 12395)

Descrito pela revista *Melody Maker* como um "glorioso tumulto raga-rock indiano", "Paint It Black" parece ter começado como um deboche do ex-empresário da banda, Eric Easton. Bill estava brincando de imitar Eric, que já fora músico profissional, no órgão Hammond, quando Charlie seguiu o ritmo e Brian tocou a melodia no sitar que acabara de adquirir.

John Lennon acusou os Stones de copiarem flagrantemente os Beatles, que haviam empregado o sitar em "Norwegian Wood" meses antes. Brian, particularmente irritado, retrucou: "Que grande besteira! Por que não dizer então que copiamos todas as bandas que tocam guitarra?"

A canção chegou ao topo da parada dos dois lados do Atlântico.

13 DE SETEMBRO DE 1966

Compacto: Have You Seen Your Mother, Baby, Standing in the Shadow?/Who's Driving Your Plane (Decca F12497)

Por ser o primeiro compacto dos Rolling Stones a ser lançado simultaneamente na Inglaterra e nos EUA, esperava-se que ele alcançasse logo o topo das paradas, mas se mostrou um tropeço, chegando mais tarde a nº 5 na Inglaterra e nº 9 nos EUA. Talvez isso seja devido ao aspecto um tanto confuso desta produção. Keith disse que ele acabou sendo lançado às pressas, e que deveria ter sido mais trabalhado.

Ou quem sabe não foi a imagem dos Stones vestidos de drag para a divulgação do compacto que assustou o público...? Mas o certo é que a famosa foto da banda e o clipe são hilários, se não particularmente sedutores.

Acima: Brian, Mick e Charlie em outra apresentação na televisão.

1967: MOMENTOS INCRÍVEIS

20 DE JANEIRO DE 1967

Between the Buttons (Decca SKL 4582)

Yesterday's Papers/My Obsession/Back Street Girl/Connection/She Smiled Sweetly/Cool, Calm and Collected/All Sold Out/Please Go Home/Who's Been Sleeping Here?/Complicated/Miss Amanda Jones/Something Happened To Me Yesterday

Between the Buttons é um álbum curioso, que ainda hoje divide opiniões. É certamente o disco da banda que mais soa inglês, tanto nas letras como nas músicas. O eminente crítico de rock Roy Carr disse que, fora "Back Street Girl" e "Connection", as restantes soavam como se fossem sobras vaudevilescas dos Kinks. Houve também críticas mais amenas, como a publicada pelo *Toronto Star*: "Existe uma qualidade única que coloca os Stones em uma categoria própria: um forte vínculo pessoal com o ouvinte. Ao contrário dos Beatles, que alcançam principalmente a mente, os Stones tocam as emoções e as vísceras".

Foi o último disco dos Stones que Andrew Loog Oldham produziu. Nessa altura, sua influência definhava, e sua ambição de ser o Phil Spector inglês irritava e frustrava a banda. O poder de Allen Klein, o produtor americano da banda, crescia, e logo Andrew foi descartado. Contudo, o lançamento do disco acabou sendo ofuscado por acontecimentos mais importantes.

13 DE JANEIRO DE 1967

Compacto: Let's Spend the Night Together/Ruby Tuesday (Decca F 12546)

Embora hoje possa parecer ridículo, no início de 1967 os Stones eram vistos como uma ameaça ao *establishment* na Inglaterra e nos EUA, e o lançamento de "Let's Spend the Night Together" apenas acirrou a situação e aumentou a fama da banda.

Os defensores da moralidade se sentiam tão ultrajados, particularmente nos EUA, que Ed Sullivan pediu que Mick mudasse a letra para "Let's Spend Some Time Together" quando a banda tocou a canção no seu programa de TV com transmissão nacional. Embora o compacto não tenha sido proibido nos EUA, muitas rádios resolveram tocar apenas o lado B, "Ruby Tuesday".

Depois, a banda causou ainda mais indignação ao aparecer para promover o disco no programa familiar de TV *Sunday Night at the London Palladium*. Os Stones, irritados com a qualidade do som, recusaram-se a seguir o padrão do programa, em que, no final da apresentação, os artistas acenavam para o público enquanto o palco girava, o que provocou uma discussão extremamente acalorada entre Mick e Andrew Loog Oldham.

Acima: as fãs sabem mandar seus recados.

Acima, à direita: Brian no Monterey Pop Festival, em junho de 1967.

À direita: a chegada da psicodelia, uma das várias fotos famosas de Michael Cooper.

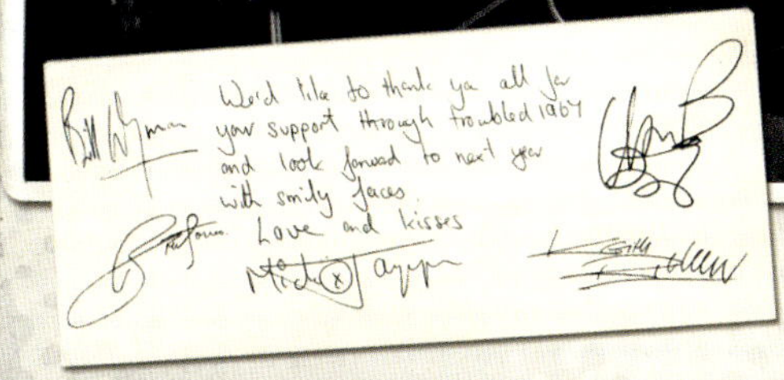

We'd like to thank you all for your support through troubled 1967 and look forward to next year with smily faces

Love and kisses

Bill Wyman

Mick Jagger

À esquerda: com dedicatórias, os Stones agradecem aos fãs.

Acima: no estúdio, na gravação de *Between the Buttons*.

Abaixo: coletiva com a imprensa alemã, em março de 1967.

Abaixo, à esquerda: as garotas do rock – Marianne Faithfull e Anita Pallenberg.

18 DE AGOSTO DE 1967

Compacto: We Love You/Dandelion (Decca F 12654)

O terrível eco do som de passos arrastando correntes e de portas de cela se fechando levou os Stones a compor sua canção mais psicodélica até então. Gravada depois de a Corte de Apelação de Londres revogar as acusações contra Mick e Keith, foi um fracasso comercial (chegando ao nº 8 da parada inglesa), porém um marco artístico. Com Nicky Hopkins no piano, Brian no *mellotron* e (supostamente) Lennon e McCartney no coro, "We Love You" é uma brilhante evocação do período. A letra aparentemente foi escrita no bloco de anotações da cadeia, enquanto Mick esperava seu julgamento em Brixton.

ANEXOS:

Item 2: folheto da turnê dos Everly Brothers, Bournemouth, outubro de 1963.

Item 3: folheto Star Parade. Assinado pelos Stones e Freddie and the Dreamers, 1963.

Item 4: programa do Magdelane College Ball assinado pelos Stones, junho de 1964.

Item 5: ingresso do National Jazz Festival, agosto de1964.

Item 6: folheto do ABC Romford, março de 1965.

Item 7: carta a um fã assinada por Brian Jones, 1965.

Item 8: passe para os bastidores.

Item 9: ingresso do show de Amsterdã, turnê europeia, 1970.

Os eventos de Redlands – Quem desmembraria uma borboleta numa roda de tortura?

Em 12 de fevereiro, quinze policiais deram uma batida em uma festa na casa de campo de Keith, Redlands, em West Wittering, West Sussex. Encontraram várias substâncias ilegais, e Mick e Keith foram levados para depor.

No dia em que Mick e Keith compareceram no tribunal e foram condenados a pagar uma fiança de £ 100 cada um, Brian também foi detido em seu apartamento de Londres e acusado de posse de drogas ilegais. Foi imediatamente condenado a pagar uma fiança de £ 250. O *establishment* inglês estava agora caçando os Stones com toda a força.

Em 27 de junho, a Corte Real de Chichester julgou Mick culpado de posse ilegal de duas drogas. Keith, no dia seguinte, também foi considerado culpado por autorizar o consumo de maconha em sua casa. Após uma noite na prisão de Brixton para Mick e na de Wormwood Scrubs para Keith, os dois receberam a sentença em Chichester.

As condenações foram severas: Mick foi condenado a três meses de prisão e a pagar £ 100, e Keith foi sentenciado a doze meses e a pagar £ 500. O amigo deles, o negociante de arte Robert Fraser, foi condenado a seis meses e deveria pagar £ 200. Recorreram em liberdade, e a Suprema Corte lhes concedeu uma fiança no valor astronômico de £ 7.000 para cada um.

Talvez o lado mais incrível dessa história tenha acontecido quando o *Times*, quem sabe o jornal mais conservador do país, dedicou sua

coluna principal aos apuros de Mick e Keith. Com o famoso título "Quem desmembraria uma borboleta numa roda de tortura?", o editorial do jornalista William Rees-Mogg comparou as drogas que Mick fora acusado de possuir àquelas que o chefe da igreja inglesa, o arcebispo de Canterbury, comprara no aeroporto de Roma após uma visita ao Vaticano. Fustigando o caso, o jornalista criticou o furor da mídia e do público após a detenção, dizendo que Mick era vítima de uma caça às bruxas. E apelou para o bom-senso, que finalmente prevaleceu quando as acusações contra os dois astros foram revogadas na apelação.

1968: TUDO MUDA

1968 pode ser considerado como um ano-chave para os Stones. Fora da estrada e incerta em relação ao seu futuro, a banda entrou no estúdio com o produtor Jimmy Miller, numa tentativa de reaver o ânimo coletivo. Em 12 de maio, os Stones fizeram sua primeira apresentação na Inglaterra em dois anos, como convidados surpresa no show de vencedores da votação da *NME* no Wembley Empire Pool.

8 DE DEZEMBRO DE 1967:

Their Satanic Majesties Request (Decca TXS 103)

Sing This All Together/Citadel/In Another Land/2000 Man/Sing This Altogether (See What Happens)/She's a Rainbow/The Lantern/Gomper/2000 Light Years from Home/On with the Show

Totalmente incompreendido e rejeitado no lançamento, *Satanic Majesties* passou muito bem pelo tempo, sem envelhecer, e agora merece uma boa reavaliação. Qualquer que seja sua opinião pessoal, não há como negar que se trata do álbum mais inventivo e intrigante dentro dos parâmetros dos Stones. O fato de eles seguirem a onda psicodélica pode ter sido visto como um monumental erro de julgamento, mas certamente era difícil não entrar no espírito da época, especialmente com a quantidade de LSD então consumida. Contudo, os Stones nunca fizeram nada pela metade, e eram, apesar dos problemas internos, totalmente profissionais quando se tratava de gravar.

A saída de Andrew Loog Oldham fez com que boa parte de *Satanic Majesties* fosse gravada sem ele. No lugar, a banda produziu o disco com a assistência de Glyn Johns como engenheiro, libertando-se do controle de Andrew.

A música em si é uma miscelânea de estilos, entrelaçando um avançado rock totalmente psicodélico ("Citadel"), estilo music-hall ("On with the Show"), fantasia pastoral ("She's a Rainbow") e sons regados a ácido ("The Lantern" e "Gomper"). Além disso, há uma ode de exaltação espacial de Jagger ao homem do futuro, "2000 Man", e a assombrosa criação de Bill Wyman "In Another Land" – algo muito pessoal, e sua única composição solo a figurar num legítimo álbum dos Stones.

Em termos relativos, embora tivesse alcançado o terceiro lugar da parada, o álbum foi um fracasso comercial e de crítica. No ano seguinte, os Stones iriam voltar ao rock básico com toda a força.

Acima: gravação de "Sympathy for the Devil", para o filme *One + One*, de Jean-Luc Godard. **Abaixo:** show dos vencedores da votação da *NME*, Wembley Empire Pool, 12 de maio de 1968.

24 DE MAIO: COMPACTO:

Jumpin' Jack Flash/Child of the Moon (Decca F 12782)

"Jumpin' Jack Flash" foi uma resposta incrível àqueles que achavam que os Stones estavam acabados após os processos e as peripécias dos últimos doze meses.

Composta durante ensaios de Brian, Charlie e Bill, que tocou um riff brutal no órgão, a canção começou a tomar forma quando Mick e Keith chegaram. Keith estava se tornando perito em criar obscuros sons de blues na guitarra, e o riff bem conhecido que introduz a canção foi tocado em uma Gibson Hummingbird com afinação aberta em mi. Keith então duplicou outra guitarra acústica tocada em estilo country, e reproduziu o resultado pelo alto-falante de um simples gravador cassete Philips. Tudo isso, além dos vocais mais diabólicos de Mick até então, da pulsante linha do baixo, do órgão gótico de Bill Wyman, da força da bateria de Charlie e da produção tensa de Jimmy Miller, foi combinado para fazer desta uma das melhores e mais essenciais gravações da banda.

O lado B, "Child of the Moon", é um clássico "esquecido" dos Stones, que aparentemente Brian queria no lado A.

ANDREW LOOG OLDHAM

Não há dúvida de que Andrew Loog Oldham foi o catalisador que transformou os Rolling Stones em estrelas. Nascido em Paddington, no oeste de Londres, em 1944 e educado em escola pública, ele tinha um senso nato para a publicidade, e desde o primeiro dia ajudou a desenvolver e promover a imagem de garotos maus da banda que a mídia, à procura de uma alternativa para os "gentis" Beatles, engoliu.

Sem ele, os Stones provavelmente teriam sido mais um banda de R'n'B, mesmo que ótima. Com ele, tornaram-se um símbolo contra o *establishment*, uma mistura de rebeldia da juventude e liberdade sexual. Ele cunhou a frase: "Os Rolling Stones são bem mais que um grupo; são um jeito de viver". Também incentivou a parceria de Mick e Keith como compositores, quando supostamente os deixou trancados numa sala até que tivessem composto uma canção de sucesso.

Foi inevitável que os Stones superassem o esquema de Andrew, e eles se separaram amigavelmente em setembro de 1967.

5 DE DEZEMBRO:

Beggars Banquet (Decca SKL 4955)

Sympathy for the Devil/No Expectations/Dear Doctor/Parachute Woman/Jigsaw Puzzle/Street Fighting Man/Prodigal Son/Stray Cat Blues/Factory Girl/Salt of the Earth

Um dos melhores álbuns dos anos 1960, seu lançamento foi adiado por seis meses devido a uma briga sobre a arte da capa, provando a atitude recatada da Decca, o selo dos Stones. Gravado nos Olympic Studios, em Barnes, no oeste de Londres, do começo de março a junho de 1968, o álbum ia ser originalmente lançado no final do verão, mas, ao verem a arte da capa (a parede de um toalete toda grafitada, inspirada em uma foto do fotógrafo americano Barry Fenstein), os executivos da Decca se recusaram a aprová-la. Vários meios-termos foram oferecidos e recusados – Mick até propôs que o disco fosse embrulhado em uma embalagem de papel-pardo com a legenda: "Inapropriado para crianças" –, até que, por fim, com ambas as partes ansiosas para que o álbum estivesse à venda até o Natal, foi aprovada uma capa em forma de "convite".

No entanto, enquanto esse impasse não se resolvia, "Street Fighting Man" foi lançado em compacto nos EUA, tendo, na capa, policiais chutando um manifestante (ver pág. 23). Essa capa foi logo retirada, e a canção, proibida nas rádios de vários estados por ser "subversiva". Quando foi finalmente lançado, o álbum recebeu ótimas e unânimes críticas. A volta dos Stones às raízes do blues e do rock foi triunfal e trouxe sua melhor série de canções até então.

Acima: Brian é beijado pela namorada Suki Poitier após ser julgado culpado pela posse de drogas, em setembro de 1968.

À esquerda: festa de lançamento de *Beggars Banquet*, antes da famosa batalha de comida.

Ao lado: raro cartaz de propaganda de *Beggars Banquet* para as lojas.

BRIAN JONES

Lewis Brian Hopkins Jones nasceu em 28 de fevereiro de 1942, na cidade termal de Cheltenham, em Gloucestershire. Seus pais, Lewis Blount Jones e Louisa Beatrice Jones (nascida Simmonds), naturais do País de Gales, tiveram mais duas crianças: Pamela, que morreu aos dois anos de leucemia, e Barbara, quatro anos mais jovem que Brian.

Os pais de Brian desde sempre incentivaram seu gosto pela música; seu pai tocava piano e órgão, e dirigia o coro da igreja local, e sua mãe era professora de piano. Aos 15 ou 16 anos, Brian já tocava bem vários instrumentos, mas seu primeiro amor foi o saxofone, que quis aprender depois de ouvir o grande saxofonista americano Cannonball Adderley.

Desde pequeno, sempre fora visto como uma criança brilhante. Na escola, tirava as melhores notas, mas, ao mesmo tempo, era destemidamente contrário à autoridade e às convenções. Seus pais esperavam que ele estudasse até a universidade, mas, em vez disso, Brian resolveu aceitar pequenos empregos na sua cidade natal, tendo sido demitido várias vezes por pequenos furtos ou por chegar atrasado.

No final dos anos 1950, já sabendo tocar sax, piano, clarinete e violão, participava de vários grupos de jazz de Cheltenham, entre os quais os Cheltone Six. Seu amor crescente pelo blues o levou a se juntar a uma banda local de R'n'B chamada The Ramrods.

Quando o grupo Blues Incorporated, de Alexis Korner, tocou na sua cidade, Brian imediatamente conquistou o líder com seu entusiasmo, de forma que Alexis deu a Brian seu endereço em Londres, convidando-o a ficar lá. Logo, Brian tocava regularmente com o Blues Incorporated, integrando como convidado outras formações, entre as quais a banda Thunder Odin's Big Secret, de Paul Jones (músico obcecado pelo blues), que, na época, excursionava perto de Oxford.

Contudo, Brian ambicionava liderar seu próprio grupo e logo, graças a Alexis, convenceu Charlie Watts e colocou um anúncio para procurar músicos na revista *Jazz News*. Pouco depois nasceram os Rollin' Stones.

Brian perdeu a primazia com o fato de que Mick (incentivado por Andrew Loog Oldham) gradualmente usurpou seu lugar, e se tornou o líder e ponto central dos Stones. A parceria de Mick e Keith na composição relegou Brian ao papel de músico de apoio muito talentoso. A aparente incapacidade de Brian de contribuir com suas músicas próprias e sua tendência purista – ele não gostava do que via como a "sensibilidade pop" de Mick e Keith – o afastaram, enquanto seu comportamento imprevisível e o consumo crescente de drogas quase o tornaram em 1967 um obstáculo para o resto da banda.

As detenções e os processos judiciais que se seguiram parecem tê-lo abalado psicologicamente, e quando, numa viagem ao Marrocos, Keith "roubou" Anita Pallenberg dele, foi a gota-d'água. Os eventos que cercam sua morte por afogamento, em sua própria piscina, no dia 3 de julho de 1969, continuam misteriosos até hoje. Há muitas teorias de conspiração, mas a morte de duas testemunhas-chave, o empresário Frank Thorogood em 1993 e o guarda-costas dos Stones Tom Keylock, em 2009, parecem deixar algumas perguntas sem resposta.

1969

O ano que encerrou a década de 1960 iria ser um divisor de águas para os Rolling Stones. Para um observador imparcial da banda, depois do sucesso de *Beggars Banquet*, tudo parecia estar indo muito bem. No entanto, logo ficou óbvio que as coisas não iam tão bem quanto pareciam. Depois dos inúmeros acontecimentos do ano anterior, Brian em particular estava fragilizado. Manteve-se afastado, esquivando-se, e sua ruptura com Mick e Keith parecia não ter mais conserto. O fato de Keith ter fugido com a namorada de Brian, Anita Pallenberg, durante uma viagem ao Marrocos em 1967, com certeza só piorou a situação. Colocado de lado pela parceria de Mick e Keith como compositores, suas contribuições para as sessões de gravação da banda foram ficando cada vez mais escassas. Ele não gostava da direção musical que a banda aparentemente estava tomando e era óbvio que a situação acabou se tornando pior.

No dia 9 de junho, anunciou-se que Brian deixava a banda. Mick, Keith e Charlie levaram Brian até Cotchford Farm, uma chácara (que já pertencera a A. A. Milne) em East Sussex, e concordaram, de forma razoavelmente amigável, que era do interesse da banda que Brian saísse. Os Stones já haviam ouvido e recrutado um substituto na semana anterior. Com recomendação de Ian Stewart, Mick Taylor, um prodígio de 19 anos que já tocara nos Bluesbreakers, de John Mayall, iria ser o novo Rolling Stone.

Acima: a época de ouro de Brian? A formação original completa dos Stones em show de 1965.

À esquerda: Brian em dias mais alegres.

À direita: Bill e Charlie foram os únicos Stones a comparecer no enterro de Brian.

Em 3 de julho chegou a notícia de que Brian morrera. Até hoje, os fatos em torno de sua morte continuam misteriosos. Ele foi tirado inconsciente da piscina da chácara de Cotchford por sua namorada Anna Wohlin e pelo empresário Frank Thorogood. Anna, enfermeira, tentou reanimá-lo, sem sucesso. Ele já havia morrido quando a ambulância chegou.

Os demais membros da banda ficaram compreensivelmente chocados e pensaram em cancelar o show grátis que iam fazer no Hyde Park em 5 de julho, mas decidiram mantê-lo como um tributo a Brian: e foi assim que, apenas dois dias após a morte de um dos seus fundadores, e com o novo guitarrista Mick Taylor tocando pela primeira vez ao vivo, os Rolling Stones se apresentaram diante de uma multidão estimada em mais de 250 mil pessoas no Hyde Park de Londres. Era uma situação compreensivelmente delicada, mas depois que Mick leu o poema "Adonais" de Shelley em homenagem a Brian, e que milhares de borboletas brancas foram soltas no céu de Londres, a banda tocou "I'm Yours, She's Mine", de Johnny Winter, e o lindo e ensolarado dia de verão fez o resto.

1969: MORTE E CAOS EM ALTAMONT

Originalmente previsto para acontecer no Golden Gate Park, em San Francisco, Califórnia, e depois na Sears Point Raceway, o show grátis dos Stones foi transferido para um local mais insalubre, na pista de corrida de Altamont Speedway, a cerca de 50 km de Oakland, depois que as autorizações dos locais anteriores foram recusadas. Também iam se apresentar Santana, Flying Burrito Brothers, Crosby Stills Nash and Young e Grateful Dead. A caótica organização do evento fez com que ele entrasse na história pelos motivos errados. A ideia de usar os Hell's Angels como seguranças (que fora sugerida pela equipe do Grateful Dead) se revelou um desastre. À medida que o dia avançava, com drogas e bebidas que iam deixando o público e os Angels mais irritáveis, as brigas foram se tornando cada vez mais frequentes. No final da noite, Meredith Hunter, de 18 anos, foi esfaqueado na frente do palco por um membro dos Hell's Angels porque teria apontado uma arma contra um deles.

À direita: "ei, gente, ei, gente... poxa, vamos ficar calmos..."

11 DE JULHO

Compacto: Honky Tonk Women/You Can't Always Get What You Want (Decca F 12952)

Um toque de sino do produtor Jimmy Miller, seguido do rufar de tambor de Charlie e do riff de Keith – assim começa uma das músicas mais emblemáticas dos Rolling Stones. Entre as maiores vendas da banda, ficou cinco semanas no topo da parada inglesa e foi nº 1 durante quatro semanas nos EUA.

Após o show do Hyde Park, os membros dos Stones seguiram caminhos diferentes. Mick foi à Austrália para atuar no filme *Ned Kelly*, Keith estava com Anita, que dera à luz seu primeiro filho, Marlon, em 10 de agosto, e o resto da banda fez uma pausa antes de voltar aos Olympic Studios para trabalhar no próximo álbum e começar a preparar a nova turnê americana, a primeira em três anos.

A turnê de 23 shows nos EUA iria render perto de US$ 2 milhões e redefinir a maneira como as estrelas do rock se apresentavam no país. Não podiam mais tocar por 20 minutos para milhares de adolescentes histéricos. Os Rolling Stones tinham crescido junto com seu público. Agora iam tocar por cerca de duas horas, e o público ia dançar e escutar. Contudo, as críticas que receberam de alguns setores devido ao preço dos ingressos e ao fato de os membros serem tachados de "vendidos" levaram a turnê – que devia acabar em 30 de novembro na calma West Palm Beach, na Flórida – a culminar no evento que muitos enxergam como sendo a morte da era "paz e amor" dos anos 1960, o quase apocalíptico show grátis de Altamont.

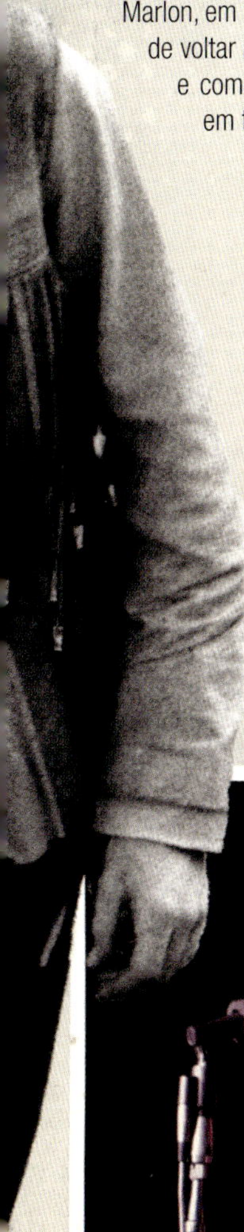

5 DE DEZEMBRO

Let It Bleed (Decca SKL 5025)

Gimme Shelter/Love in Vain/Country Honk/Live with Me/Let It Bleed/Midnight Rambler/You Got the Sliver/Monkey Man/You Can't Always Get What You Want

Na época do lançamento, os Stones assumiram o título de "maior banda de rock'n'roll do mundo". Com certeza, alguns ainda contestavam o fato; os Beatles ainda existiam, mas não tocavam ao vivo havia mais de quatro anos, Led Zeppelin ainda não mostrara todo o seu potencial, e The Who, embora fantásticos ao vivo, não vendiam tantos discos ou ingressos quanto os Stones.

Let It Bleed foi gravado quase inteiro nos doze meses anteriores, e seus últimos acertos (inclusive o magnífico e misterioso vocal de Merry Clayton em "Gimme Shelter") foram gravados depois, nos Elektra Studios, em Los Angeles, pouco antes do início da turnê americana.

Na maior parte do disco, tocou uma banda essencialmente truncada; Brian Jones aparece nominalmente nas percussões de "Midnight Rambler" e na auto-harpa da música de Keith "You Got the Silver", enquanto o jovem recruta Mick Taylor acrescenta *slide guitar* à versão country de "Honky Tonk Women", chamada "Country Honk", e guitarra em "Live with Me". Além disso, juntaram-se à banda Nicky Hopkins no piano, o onipresente Leon Russell e o extraordinário saxofonista Bobby Keys, amigo de Keith. Al Kooper acrescentou trompa, piano e órgão a "You Can't Always Get What You Want", enquanto Stu tocou piano na faixa que intitula o álbum. Visto por muitos como um disco que define sua época, com certeza ele transpira ainda mais ameaça e sordidez do que *Beggars Banquet*. "Gimme Shelter" parece ser a trilha do momento, evocando a intensificação da Guerra do Vietnã e a morte do sonho dos anos 1960, e "Midnight Rambler" (até hoje um marco nos shows) trata do terrível estrangulador de Boston.

Além disso, impulsionada por um incrível riff de Keith, a sordidez continua reinando em "Monkey Man", música que ficou ainda mais impactante e memorável na trilha sonora do filme *Os Bons Companheiros*, de Martin Scorsese. E como a banda nunca esqueceu suas raízes, há uma referência ao estilo delta blues com a versão de "Love in Vain" (escrita por Woody Payne), uma homenagem à recém--descoberta gravação de Robert Johnson, com a participação do lindo bandolim de Ry Cooder.

As vozes etéreas em uníssono do London Bach Choir, uma das coisas mais improváveis que se poderia esperar em um disco dos Stones, seguem lindamente o triste violão acústico de Keith no início do final épico da faixa "You Can't Always Get What You Want", canção que, segundo Marianne Faithfull, trata da relação dela com as drogas. Sexo e drogas impregnam todo este disco e anunciam o que ainda está por vir, enquanto os Stones entram gloriosamente na nova década como os campeões pesos-pesados do rock'n'roll.

Acima, à esquerda: com Jimmy Miller, na gravação de *Let It Bleed*.

Acima: a capa extremamente rara do compacto americano de "Street Fighting Man", retirado de venda.

À esquerda: ao vivo nos EUA, em 1969.

1970: UMA NOVA ERA

O primeiro ano da nova década foi relativamente tranquilo para os Rolling Stones. Houve processos decorrentes de Altamont – os Stones processaram a Sears Point International Raceway em US$ 4.580.000 por quebra de contrato, e sofreram processos de fazendeiros e donos de terras da área de Altamont no valor de US$ 375 mil.

O dinheiro estava se tornando uma questão crucial. De fato, os membros da banda deveriam levar uma vida de estrelas, mas, embora cada um tivesse recebido uma boa quantia quando Allen Klein negociou um novo acordo com a Decca, as coisas não eram assim tão confortáveis. O governo cobrava um imposto de 98% sobre as grandes fortunas, e a banda devia uma enorme quantia em impostos atrasados. Lá pelo final de julho, a banda informou que para todos os efeitos seu contrato com a ABKCO de Klein estava encerrado. No dia seguinte, o contrato com a Decca expirou. Naquela altura, os planos dos Rolling Stones para a criação do próprio selo iam de vento em popa. Houve negociações com Marshall Chess, filho de Leonard, o lendário coproprietário do selo Chess, para que ele cuidasse do novo selo e de sua distribuição.

No final de agosto, a banda fez uma turnê de seis semanas na Europa, que passou pela Escandinávia, Alemanha Ocidental, França, Itália, Áustria e Holanda.

29 DE SETEMBRO

Get Yer Ya-Ya's Out (Decca SKL 5065)

Jumpin' Jack Flash/Carol/Stray Cat Blues/Love in Vain/Midnight Rambler/Sympathy for the Devil/Live with Me/Little Queenie/Honky Tonk Women/Street Fighting Man

São oito os discos ao vivo oficiais no catálogo dos Stones até hoje – depois de *Love You Live*, em 1975, tornou-se imprescindível lançar um novo álbum após cada ultralucrativa turnê –, mas quem quiser ter apenas um disco ao vivo dos Rolling Stones, tem que ter este. Compilado a partir de dois shows gravados no Madison Square Garden, em Nova York, em 27 e 28 de novembro, e em Baltimore em 26 de novembro de 1969, ele capta a banda ao vivo com toda a sua força. Para alguns críticos, neste álbum as versões ao vivo superam as de estúdio.

Uma versão *deluxe* ampliada do álbum foi lançada em 2009, com faixas adicionais: "Prodigal Son", "You Gotta Move", "Under My Thumb", "I'm Free" e "Satisfaction". Uma nova versão também inclui um CD separado com os artistas de apoio, BB King e Ike and Tina Turner.

Cocksucker Blues

Segundo a lenda, o acordo de ruptura entre os Stones e a Decca obrigava a banda a entregar mais uma canção inédita que poderia ser lançada em compacto. Gravada às pressas por Mick cantarolando sobre uma simples guitarra acústica, essa história de um garoto de programa do West End de Londres era obscena e crua demais para ser um lançamento oficial. Mas é facilmente encontrada em discos piratas.

À direita: *Get Yer Ya Ya's Out!* – "Ah, Nova York, você fala muito. Estamos de olho em você!"

MICK TAYLOR

Michael Kevin Taylor nasceu em 17 de janeiro de 1949, em Welwyn Garden City, Hertfordshire. Foi criado em Hatfield, onde seu pai era montador na companhia aérea de Havilland.

Mick, incentivado por um tio, começou a tocar guitarra aos 9 anos. Tocou em várias bandas quando adolescente, entre as quais os Juniors e os Strangers.

Em 1965, aos 16 anos, foi ver a lenda do blues John Mayall com sua banda, os Bluesbreakers, no The Hop, em Welwyn Garden City. Essa noite mudaria sua vida para sempre. Nessa altura da longa e conturbada história dos Bluesbreakers, Eric Clapton ocupava o cobiçado lugar de guitarrista solo, mas naquela noite ele parecia estar ausente. Depois da primeira parte, Taylor tomou a iniciativa de perguntar a John Mayall se podia tocar com a banda, dizendo que era fã e que conhecia as músicas. Foi um tanto audacioso, mas Mayall aceitou, e ficou tão bem impressionado que trocaram números de telefone no final da noite. Mais ou menos um ano depois, Taylor entrou para os Bluesbreakers, no lugar de Peter Green, que levara dois outros membros da banda de Mayall consigo, John McVie e Mick Fleetwood, para formar o Fleetwood Mac.

Aos 17 anos, Taylor era um talento prodigioso. Seu incrível *slide* pelas cordas da guitarra e seus solos logo chamaram a atenção dos Stones. Taylor gravou apenas um disco com os Bluesbreakers, *Crusade*, mas este cimentou seu talento e lhe trouxe experiência de gravação e admiradores.

Enquanto os Stones gravavam "Honky Tonk Women", nos Olympic Studios, perceberam que Brian Jones estava esgotado e também que seus problemas com as drogas o impediriam de entrar nos EUA, comprometendo outra turnê por lá. Foi então que Ian Stewart disse à banda que Mick Taylor seria o substituto ideal de Brian.

Taylor tocou nos discos e shows dos Stones até sua saída, em dezembro de 1974, motivada pelo fato de não ser creditado como coautor de algumas canções e por seus crescentes problemas com as drogas.

Sem dúvida, a entrada de Taylor para a banda foi muito produtiva. Sua jeito de tocar se aperfeiçoou e adequou-se ao estilo e riffs de Keith.

Depois de sua saída, Taylor tocou em uma pequena banda ao vivo com Jack Bruce e Carla Bley. Um disco solo seu foi lançado pela CBS em 1977, e Mick sobreviveu de pontas em vários discos. Foi a pedido de Mick Jagger que Taylor fez os *overdubs* de guitarra da versão ampliada de *Exile on Main Street*, lançada em 2010.

1971: EXÍLIO FISCAL

O drástico regime fiscal inglês para as maiores rendas se impôs aos Stones e os fez tomar uma decisão que iria transformá-los nos primeiros exilados do rock'n'roll. Seu novo conselheiro financeiro, Prince Rupert Lowenstein, alertou-os sobre seus problemas financeiros e sugeriu que passassem um ano fora do Reino Unidos, longe do alcance da Receita. Então, foi no começo de abril que os membros começaram a se mudar para o clima quente da Riviera francesa em busca de uma nova vida.

Antes disso, como despedida dos fãs, fizeram uma turnê no Reino Unido pela primeira vez em cinco anos, com nove shows, em geral dois por noite, perfazendo dezesseis no total.

16 DE ABRIL

Compacto: Brown Sugar/Bitch/Let It Rock (Rolling Stones Records RS 19100)

Os Stones lançaram seu próprio selo, Rolling Stones, com um compacto arrasador, que anunciava, em grande estilo, o próximo álbum. A canção pode ter letra dúbia (originalmente, ela seria chamada "Black Pussy"), mas é incontestavelmente uma das mais obscenas da banda. A música data da época das sessões nos Muscle Shoals Sound Studios, no Alabama, que antecederam Altamont e têm o inconfundível clima do sul dos EUA; também há uma arrasadora versão com Eric Clapton na *slide guitar*, gravada no Olympic, por ocasião do aniversário de Keith, piratada várias vezes no decorrer dos anos.

À esquerda: despedida da Inglaterra (temporária), em março de 1971.

Ao lado: com Ahmet Ertegun, fundador da Atlantic Records.

Acima: ao vivo na Roundhouse, Londres, em 14 de março de 1971. Keith: o rock em pessoa...

Acima: ...Bill: um exemplo de concentração...

Acima: ...e Mick dando o seu melhor.

23 DE ABRIL

Sticky Fingers (Rolling Stones Records COC 59100)

Brown Sugar/Sway/Wild Horses/Can't You Hear Me Knocking/You Gotta Move/Bitch/I Got the Blues/Sister Morphine/Dead Flowers/Moonlight Mile

As circunstâncias deveriam ter atrasado a gestação de *Sticky Fingers*, mas, com a banda sem contrato com a Decca, livre do controle de Allen Klein e responsável pelo próprio destino, os Stones podiam fazer o que queriam. Ao assinarem um acordo lucrativo com o chefe da Atlantic Records, Ahmet Ertegun, que dava à Kinney (mais tarde Warner Communications) direitos mundiais exclusivos sobre seus discos, eles se comprometeram a entregar seis álbuns nos quatro anos seguintes; contudo, o poder comercial da banda era tamanho que poderia cumprir o acordo com compilações e produções solo.

Devido a isso, os Stones acabaram se adaptando a um novo jeito de trabalhar, que perdurou até poucos anos atrás. Marcavam as gravações nos estúdios conforme sua agenda ou a criatividade; canções inacabadas eram colocadas na gaveta para mais tarde serem finalizadas, ou então já eram totalmente descartadas, e quando achavam que era o momento adequado ou havia material suficiente para um LP, gravações adicionais e alguns toques finais fechavam o processo de realização do disco: assim, *Sticky Fingers* foi produzido em quatorze meses. Três canções – "Brown Sugar", "You Gotta Move", de Mississippi Fred McDowell, e "Wild Horses" – foram gravadas primeiro nos Muscle Shoals Sound Studios do Alabama, em dezembro de 1969, antes do fatídico show de Altamont. O típico som do sul dos EUA que captaram em três dias intensos de gravação foi referência para o álbum inteiro.

De volta à Inglaterra, em meados de dezembro, os trabalhos seguiram no Olympic e, com equipamento de gravação móvel (o Stargroves), na casa de Mick, em Newbury, Berkshire, direto até abril de 1971. O resultado foi o disco mais sujo e lascivo da banda até então. Há muitas referências às drogas, como 'head full of snow' ("Moonlight Mile"), 'sweet cousin cocaine' ("Sister Morphine") e 'cocaine eyes' ("Can't You Hear Me Knocking"). Até mesmo "Brown Sugar" foi vista como uma referência à heroína mexicana: mas se as substâncias ilegais predominaram, não abalaram a inventividade musical da banda. Com Mick Taylor agora plenamente entrosado, a energia da banda estava ligada ao máximo. A interação da guitarra com o incrível saxofone de Bobby Keys em "Can't You Hear Me Knocking" é de arrepiar até os pelos da nuca: e quando querem realmente fazer rock, não há ninguém igual. O disco é absolutamente avassalador. Desde o começo mantém o foco, com "Brown Sugar" e "Sway", antes de um delicado dedilhado no violão anunciar a melancólica "Wild Horses", uma ode de Mick a Marianne Faithfull. Segue-se a épica "Can't You Hear Me Knocking", antes da lenta e triste "You Gotta Move", com o sublime *slide guitar* de Mick Taylor. O lado B traz uma atmosfera mais soturna: "Bitch" é dinamizada por outro riff típico de Keith, e o sax pulsante e rascante de Bobby Keys em "I Got The Blues" cumpre seu papel antes que "Sister Morphine" – um doloroso hino à dependência química coescrito e já gravado por Marianne Faithfull – acalme de novo as coisas. Por fim, vêm a cadência country de "Dead Flowers" e a majestosa e obsedante "Moonlight Mile". Sem esquecer uma das mais famosas e polêmicas capas da história do rock'n'roll, criada por Andy Warhol e que teria custado £ 15,000 (uma verdadeira fortuna na época).

Espantosamente, em especial agora que *Sticky Fingers* é tido como um dos melhores – senão o melhor – álbum dos Stones, ele não foi universalmente considerado assim na época de sua realização. Greil Marcus, crítico especializado da revista *Rolling Stone*, embora tenha gostado das músicas, insurgiu-se contra algumas letras, por considerá-las racistas e misóginas (sobretudo em "Brown Sugar"), e condenou as abertas referências às drogas.

À direita: sessão de fotos de *Sticky Fingers*. Quem segura a capa de Mick Taylor?

1972: VOLTA AO MUNDO

Acima: Jimmy Miller, produtor de *Exile on Main Street*.

12 DE MAIO

Exile on Main Street (Rolling Stones Records COC 69100)

Rocks off/Rip This Joint/Shake Your Hips/Casino Boogie/Tumbling Dice/Sweet Virginia/Torn and Frayed/Sweet Black Angel/Loving Cup/Happy/Turd on the Run/Ventilator Blues/I Just Want To See His Face/Let It Loose/All Down the Line/Stop Breaking Down/Shine a Light/Soul Survivor

O lendário verão que os Stones passaram em Nellcôte, uma antiga e famosa mansão na Côte d'Azur, sul da França, entrou para os anais da história do rock e foi amplamente documentado; mas as sessões não levaram à produção de um disco bem acabado, e a banda, pressionada para ter algo novo antes da turnê americana que ia começar em junho, juntou-se no Sunset Sound, no final de 1971, para finalizar uma série de faixas. De fato, apenas sete das dezoito canções do álbum ("Rip This Joint", "Shake Your Hips", "Casino Boogie", "Happy", "Rocks off", "Turd on the Run" e "Ventilator Blues") foram criadas no sul da França, e algumas, como "Sweet Virginia", "Sweet Black Angel", "Loving Cup" e "Stop Breaking Down", já existiam havia cerca de dezoito meses.

Ao ser lançado, ainda que não de todo rejeitado, *Exile* gerou ainda assim uma certa dose de ceticismo. Devido à sua produção opaca e à sua longa duração (mais de uma hora), parecia conter música demais para se encarar. Hoje, essas críticas soam bastante ridículas – para muitos, este é, sem dúvida alguma, o maior disco de toda a carreira da banda.

14 DE ABRIL

Compacto – Tumbling Dice/Sweet Black Angel (Rolling Stones Records RS 19103)

"Tumbling Dice" não foi uma escolha automática para anunciar o álbum seguinte. Durante muito tempo, "All Down the Line" havia sido cogitada, e de fato foi lançada em compacto nos EUA (junto com "Happy") em julho daquele ano. Contudo, trata-se de uma dessas músicas que se imprime indelevelmente na consciência.

Originalmente intitulada "Good Time Woman", ela foi gravada pela primeira vez durante as sessões em Stargroves, em março de 1971. Uma das primeiras tomadas dessas gravações foi resgatada e polida e aparece no relançamento, em versão ampliada, de *Exile on Main Street*, em 2010.

Acima: a emblemática capa de *Exile on Main Street*, criada por John Van Hemmersveld e Norman Seiff, com fotografias de Robert Frank.

Ao lado: prêmio da RIAA a Keith pela marca de US$ 1 milhão nas vendas de *Exile on Main Street* nos EUA.

À direita: Keith, com um cigarro duvidoso, no sul da França.

Apesar do vínculo com a França, *Exile* provavelmente é o disco dos Stones que soa mais americano, e hoje é quase visto como um padrão para a mistura de estilos que é a *Americana music*, termo musical criado cerca de vinte anos após seu lançamento. Com certeza, o disco tem suas raízes no rock'n'roll, country, blues e R'n'B.

A versão ampliada do álbum lançada em 2010 vem com dez faixas inéditas, algumas delas com superposições vocais, outras mais polidas; "Loving Cup" (versão anterior), "Pass the Wine (Sophia Loren)", "I'm Not Signifying", "Dancing in the Light", "So Divine (Aladdin Story)", "Soul Survivor" (versão com vocal de Keith), "Following the River", "Plundered My Soul", "Good Time Woman" e a improvisação instrumental "Title 5". Notavelmente, o álbum chegou ao topo da parada inglesa.

Turnê de 1972 nos EUA

A famosa turnê pela América do Norte que seguiu o lançamento de *Exile* foi imortalizada no livro *S.T.P.*, de Robert Greenfield, e no documentário sem concessões de Robert Frank, *Cocksucker Blues*. A banda ficou tão preocupada com o que as autoridades pudessem fazer com o filme de Frank que até hoje ele só foi exibido em público em poucas ocasiões.

Conhecida por suas histórias de farras e orgias, a turnê de oito semanas de costa a costa se tornou um marco de inspiração para todas as outras turnês que se seguiram – a quintessência de sexo, drogas e rock'n'roll.

A fama dos Stones e o marketing agressivo do lançamento de *Exile* superaram as expectativas, e, embora criticados pelo alto preço dos ingressos em 1969, houve uma grande demanda para ver a banda ao vivo. Os Stones venderam cerca de 750 mil ingressos em poucos dias, e poderiam ter vendido o dobro. A turnê rendeu mais de US$ 4 milhões, com 51 shows em trinta cidades, sendo a mais rentável da história do rock até então. O empresário Bill Graham chamou os Rolling Stones de "maior atração na história da humanidade". Na primeira apresentação, 2 mil fãs que ficaram sem ingresso, diante do Pacific Coliseum, em Vancouver, brigaram com a polícia, jogando pedras e bombas incendiárias.

A produção também foi realmente inovadora. Chip Monck, que havia ficado famoso quando fora MC em Woodstock e projetara o palco e a iluminação do festival, trouxe para este trabalho toda a sua perícia em instalações. Um amplo espelho, colocado acima do palco de seis painéis, trazia uma grande serpente pintada. Esta ainda era aumentada pela maior rampa de luzes já utilizada por uma banda de rock. Embora este incrível cenário fosse bem menor que os gigantescos palcos empregados nas turnês seguintes, foi certamente um grande avanço em relação às antigas montagens, em tudo mais rudimentares.

Em todo lugar, os reis do rock'n'roll foram festejados por outros astros do rock, do cinema, da literatura e da moda, e até por artistas menores de pequenas nações europeias. A turnê atraiu, aqui e ali, Bob Dylan, Truman Capote, Jack Nicholson, Goldie Hawn, Norman Mailer e a irmã de Jackie Kennedy, a princesa Lee Radziwill; e os Stones ainda foram convidados a comparecer na mansão Playboy para serem recebidos por Hugh Hefner.

Stevie Wonder tocou na abertura dos shows, e sua apresentação e a da banda foram gravadas para um projeto de álbum duplo ao vivo que, infelizmente, nunca foi lançado.

ANEXOS:

Item 10: prêmio BMI de Keith Richards, 1969.

Item 11: ingresso do Maple Leaf Gardens, Toronto, junho de 1975.

Item 12: ingresso do Earls Court, Londres, maio de 1976.

Item 13: ingresso de Berna, Suíça, turnê europeia, setembro de 1973.

Item 14: convite da festa dos Rolling Stones, WEA Records, maio de 1976.

Item 15: cartaz promocional, muito raro, de *Some Girls*, 1978.

Item 16: passe de convidado aos bastidores, turnê europeia, 1976.

Abaixo: "Uptight, everything is alright" – bis com participação de Stevie Wonder, em turnê de 1972, nos EUA.

1972-73: AINDA NA ESTRADA

A turnê americana de 1972 foi um tremendo sucesso, mas a habitual rodada de problemas e brigas que parecia acompanhar os Stones naquela época já estava ameaçando o equilíbrio da banda por tempo demais. Outra vez surgiram problemas fiscais, e o grupo foi informado de que poderia ir à falência se voltasse à Inglaterra antes do fim de abril de 1973.

Além disso, os vistos americanos de Mick e Keith estavam vencendo e não iam ser renovados facilmente, e a banda não era mais bem-vinda na França, onde a polícia local – devido a todas as atividades ali no verão anterior – estava alertada. A turnê pelo Japão, que fora planejada para o início de 1973, também estava ameaçada, já que as autoridades japonesas retinham os vistos de trabalho.

Então, foi na Jamaica ("o único lugar que nos aceitava naquela época", segundo Keith) que a banda acabou indo gravar o disco seguinte a *Exile*.

No fim de 1972, os problemas de Keith com as drogas já afetavam o processo de gravação, que, sob a rígida direção do produtor Jimmy Miller, começou a atrasar. Com poucas canções terminadas, após finalmente obter os vistos americanos, a banda seguiu até LA para continuar o trabalho. Durante esse período, tocaram em um show beneficente a pedido da nova mulher de Mick, Bianca, para auxiliar as vítimas de um terremoto na Nicarágua, seu país natal.

A gravação foi interrompida em dezembro, quando os membros da banda (menos Keith) foram para a França e conseguiram limpar seu nome. O álbum foi finalizado no Olympic, em Londres, em junho de 1973.

No começo do novo ano, a banda embarcou para um turnê de onze apresentações na Austrália e Nova Zelândia, e mais três shows no Havaí, que se prorrogou até fevereiro. Quando os Stones retornaram à Inglaterra, os problemas que pareciam perseguir Keith e Anita voltaram à tona; em 26 de junho, o casal acabou sendo detido por posse ilegal de armas, além de drogas. Eles foram acusados do porte de resina de cânabis, além da posse ilegal de um revólver 38 Smith & Wesson. Keith teve que pagar uma multa de £ 205 por essa contravenção e Anita foi deixada de fora, obtendo liberdade condicional. Para completar, a tragédia continuou quatro dias depois, com um grave incêndio na casa de Keith, Redlands: ele e Anita tiveram sorte de escapar ilesos, já que supostamente estavam drogados quando o fogo começou.

À esquerda: "Oh, yeah!" – em Copenhague, na Dinamarca.

Acima: pôster criado pelo australiano Ian MCcausland para os shows na Nova Zelândia.

À direita: coletiva de imprensa, em Copenhague, em outubro de 1973. Vê-se que Mick Taylor sofria com a intensa agenda....

Acima: volta triunfal ao país – Wembley Empire Pool, em setembro de 1973.

Abaixo: 1 milhão de compactos vendidos garantem a Jimmy Miller um disco de ouro da Recording Industry Association of America por "Angie".

20 DE AGOSTO

Compacto: Angie/Silver Train (Rolling Stones Records RS 19105)

O lançamento de "Angie" antes do novo álbum, *Goats Head Soup,* na certa confundiu tanto os críticos como os fãs. A ode de Keith à sua jovem filha foi avaliada por um ardente admirador da banda, Nick Kent (na *NME*), como "atroz". O caráter calmo e melódico da canção espantou a todos; não era o que se esperava da "maior banda de rock'n'roll do mundo". Onde estava o *rock* e o que havia acontecido com o *roll*?

O filme promocional realizado para o lançamento do compacto certamente não ajudou em nada; Keith e Mick Taylor foram filmados tocando com flores espetadas no cabeçote da guitarra. Os Stones teriam ficado mansos? No entanto, foi a banda que acabou rindo por último, quando "Angie" alcançou o topo da parada da *Billboard* americana e chegou a nº 5 na Inglaterra.

31 DE AGOSTO

Goats Head Soup (Rolling Stones Records COC 59101)

Dancing with Mr D/100 Years Ago/Coming Down Again/Doo Doo Doo Doo (Heartbreaker)/Angie/Silver Train/Hide Your Love/Winter/Can You Hear the Music/Star Star

Dar sequência a um álbum tão bem-sucedido e importante quanto *Exile on Main Street* só podia ser problemático. Somando-se a isso os processos judiciais, as tribulações da banda e os crescentes problemas de Keith e do produtor Miller com as drogas, era normal que se pensasse que *Goats Head Soup* seria um desastre completo. Mas ele era em si indiscutivelmente bom, e o fato de ter alcançado imediatamente o topo das paradas dos dois lados do Atlântico prova a qualidade das composições de Mick e Keith, além da força da relação da banda com seu público.

No lançamento, o LP foi considerado como sendo um tanto desapontador; mas, do mesmo modo que outros discos dos Stones, passou bem no teste do tempo.

"Dancing with Mr D", uma filha bastarda de "Sympathy for the Devil", faz a abertura do disco de modo perfeitamente sombrio, enquanto a pungente "Coming Down Again", de Keith, é uma de suas melhores canções. "Doo Doo Doo Doo (Heartbreaker)", história sobre a rotina da polícia de Nova York, foi lançada como compacto nos EUA e ainda hoje é tocada ao vivo. No entanto, o melhor do álbum está nas três últimas canções do lado B. "Winter" é uma linda canção, com a magnífica guitarra de Mick Taylor e Nicky Hopkins no piano. "Can You Hear the Music" foi embelezada pela pompa de Brian Jones, com seu estranho ambiente psicodélico à base de flautas e percussões africanas.

A faixa final, "Star Star", era a mais polêmica. Originalmente chamada "Starfucker", é um tributo às tietes e inclui a frase imortal "giving head to Steve McQueen". O título foi modificado a pedido de Ahmet Ertegun.

O sucesso do álbum foi consolidado por uma superdivulgada turnê na Europa em setembro e outubro, que levou a banda pela Inglaterra, Áustria, Alemanha Ocidental, Suíça, Dinamarca, Suécia, Holanda e Bélgica. Outra vez, a procura de ingressos superou as expectativas e, em Londres, o valor das entradas disparou no mercado negro, passando de £ 2,20 a £ 40.

1974: NO CONTROLE

Em novembro de 1973, a banda se reuniu nos Musicland Studios de Munique, Alemanha, para continuar o trabalho com o engenheiro habitual Andy Johns. Jimmy Miller, que produzira os cinco discos anteriores da banda, foi descartado quando o grupo quis buscar nova direção e inspiração. O novo álbum foi o primeiro a ser produzido por Mick e Keith, os autointitulados Glimmer Twins.

26 DE JULHO

Compacto: It's Only Rock'n'Roll/ Through the Lonely Nights

(Rolling Stones Records RS 19114)

A faixa título do álbum que se seguiu remete a uma antiga sessão improvisada na casa de Ronnie Wood, The Wick, em Richmond, em julho de 1973. Gravada em demo por Mick e Ronnie, com a participação de David Bowie no coro, a canção foi terminada em abril do ano seguinte em Stargroves. A guitarra original de Ronnie, diz a lenda, foi apagada por Keith, mas a versão final ainda inclui Ronnie dedilhando uma guitarra acústica de 12 cordas. O lado B, outra clássica balada "esquecida" dos Stones, tinha sido originalmente gravada na Jamaica no final de 1972.

Acima: turnê de 1975 nos EUA. Mick sobre uma bexiga gigante que gerou bastante polêmica, especialmente nos estados do sul.

À esquerda: 1º de maio de 1975 – na Madison Avenue, NY, o anúncio já é espetacular.

À direita: Mick e Keith, os recém-batizados "Glimmer Twins".

Acima: cena do vídeo do compacto "It's Only Rock'n'Roll".

18 DE OUTUBRO:

It's Only Rock'n'Roll (Rolling Stones Records COC 59103)

If You Can't Rock Me/Ain't Too Proud To Beg/It's Only Rock'n'Roll (But I Like It)/Till the Next Goodbye/Time Waits for No One/Luxury/Dance Little Sister/If You Really Want To Be My Friend/Short and Curlies/Fingerprint File

Antes do lançamento, e para desespero do Conselho da Grande Londres, uma aparição maciça de grafites *It's Only Rock'n'Roll* tomou conta das ruas de Londres – certamente um dos primeiros casos de guerrilha de marketing.

A revista *NME* concluiu: "Brilho calculado, certo, mas ainda assim brilho", e era isso mesmo. Mick e Keith tinham comemorado seu 30º aniversário no ano anterior, e, embora não correspondessem à imagem comum de ingleses de 30 anos, haviam amadurecido musicalmente. Deixando para trás aquele excesso de som sujo e repleto de vocais incoerentes, e trazendo a produção dos Glimmer Twins, o novo álbum tem uma pátina que o distingue das realizações anteriores. Agora, os Stones pareciam olhar para o que acontecia ao redor deles e, em vez de ficarem distantes, absorviam um pouco do clima musical da época.

Musicalmente, a banda estava chegando ao auge do que se propunha. O jeito de Mick Taylor tocar guitarra é primoroso do início ao fim, especialmente na épica "Time Waits for No One", que ele coescreveu (e ficou perplexo por outra vez não receber o crédito). Seus brilhantes riffs de guitarra e o inspirado piano de Nicky Hopkins levam a canção a outro nível.

"Luxury" tem batida reggae com clima de Nova Orleans, e dessa vez a reprise obrigatória é uma versão visceral de "Ain't Too Proud To Beg", dos Temptations. "Till the Next Goodbye" é uma linda balada em estilo country. Existe um filme promocional de Michael Lindsay Hogg, raramente exibido, com mixagem mais incisiva e vocal particularmente lascivo de Jagger.

"Dance Little Sister" e "Short and Curlies" são bons exemplos de rocks dos Stones, assim como a faixa de introdução, "If You Can't Rock Me", que até hoje é tocada ao vivo. Contudo, é preciso destacar a sombria e perniciosa "Fingerprint File", uma paranoia do FBI de seis minutos e meio. A hábil linha de baixo de Mick Taylor sustenta uma estonteante mixagem de guitarra *wah-wah* em duas pistas, junto com um teclado no estilo "Shaft" e tabla indiano, levando a canção para um desfecho irrequieto, com vocal falado, quase sussurrado.

It's Only Rock'n'Roll continuaria a ser o nº 1 entre os álbuns da banda nos EUA, chegou ao 2º lugar na própria Inglaterra e foi o último álbum gravado com Mick Taylor. Infeliz com sua sina e frustrado por não ser creditado como compositor, ele anunciou sua saída dos Stones em outubro. Seu desligamento colocou em perigo os futuros planos da banda, que incluíam estrelar uma série própria de TV, gravar o próximo álbum e encaminhar o planejamento de uma nova turnê pelos EUA.

Quando a banda, junto com Billy Preston (que então passara a se responsabilizar pelos teclados, em *Goats Head Soup* e em *It's Only Rock'n'Roll*), se encontrou em Roterdã, em janeiro de 1975, para começar a gravação do álbum seguinte, a intenção era procurar um substituto para Mick Taylor pelo caminho. Embora ainda não tivesse novo material para divulgar, a banda havia planejado uma enorme turnê pelos EUA (a maior até então), de junho a agosto, e era imperativo que encontrasse o substituto de Mick Taylor tão logo quanto possível.

Embora Ronnie Wood e Keith fossem agora amigos do peito, isso não queria dizer que Ronnie simplesmente fosse entrar para os Rolling Stones. Vários substitutos foram testados, entre os quais Jeff Beck, Rory Gallagher, Wayne Perkins (que tocara no primeiro álbum solo de Bill Wyman, *Monkey Grip*) e Harvey Mandel (Perkins e Mandel, junto com Ronnie, iriam aparecer no álbum seguinte). Finalmente, em 14 de abril, um comunicado da Rolling Stones Records anunciava:

"Mick Jagger confirma que Ronnie Wood, guitarrista solo dos Faces, vai acompanhar os Rolling Stones na turnê que vão fazer pelas Américas do Norte e do Sul, que deve começar em junho. Embora essa associação não tenha caráter definitivo, Mick diz que ele e o resto dos Stones estão ansiosos para que Ronnie toque no grupo."

No dia 1º de maio, após alguns dias de ensaio, os Rolling Stones anunciaram oficialmente as datas da próxima turnê de modo espetacular. Tocando uma longa versão de "Brown Sugar" na plataforma de um caminhão, desceram lentamente a 5ª Avenida, atraindo uma multidão frenética, antes de entrarem em limusines e saírem depressa.

A turnê começou com dois shows de aquecimento na Universidade Estadual da Louisiana, em Baton Rouge, no dia 1º de junho, e acabou no Rich Stadium de Buffalo, em 8 de agosto. Foram mais de 45 shows em 26 cidades para mais de um 1 milhão de fãs, e a turnê faturou US$ 10 milhões. Porém, não terminou sem polêmica: um gigantesco pênis inflável, adereço de palco, provocou comoção nos estados do sul, e Keith foi detido por posse de drogas e uma faca. Graças aos esforços do advogado da banda, Bill Carter, o incidente de Fordyce, Arkansas, foi resolvido com a fiança de US$ 5 mil.

À direita: o novo guitarrista parece ter problemas de alfaiate.

1976: NOVAS MUDANÇAS

Em 18 de dezembro de 1975, Rod Stewart anunciou que deixava os Faces. Foi citado dizendo: "Não posso mais trabalhar numa situação em que o guitarrista solo da banda, Ron Wood, está sempre sendo emprestado aos Rolling Stones". Era um acordo que agradou a ambas as partes. Na verdade, os Faces estavam desunidos desde a morte do baixista e compositor Ronnie Lane, e a carreira solo paralela de Rod ia de vento em popa e se sobrepunha à da banda. Em 28 de fevereiro de 1976, Ronnie Wood tornou-se oficialmente um Rolling Stone.

Acima: Bill Wyman joga tênis de mesa com o patrão da Atlantic Records, Ertegun, nos bastidores de Earl's Court, em maio de 1976.

As gravações, que haviam começado cerca de doze meses antes em Roterdã, na Holanda, e seguiram em outubro e novembro de 1975 nos Musicland Studios, na Alemanha, e em Montreux, na Suíça, continuaram de janeiro a março. As sessões, embora fragmentadas, finalmente acabaram por trazer uma produção agradavelmente coerente e que ia marcar a terceira fase da longa carreira dos Rolling Stones.

20 DE ABRIL

Compacto: Fool To Cry/Crazy Mama (Rolling Stones Records RS 19121)

A escolha de "Fool To Cry" para anunciar o novo álbum era um tanto audaciosa. De veia similar a "Angie" (embora mais sentimental), ela dividiu fãs e críticos. Com os membros da banda passando dos 30 anos e o movimento punk prestes a explodir, parecia que os Stones iam entregar sua coroa de reis do rock'n'roll. Mas "Fool To Cry" é uma das baladas mais emocionantes da banda.

23 DE ABRIL:

Black and Blue (Rolling Stones Records COC 59106)

Hot Stuff/Hand of Fate/Cherry Oh Baby/Memory Motel/Hey Negrita/Melody/Fool To Cry/Crazy Mama

Bill Wyman está coberto de razão ao afirmar que *Black and Blue* é o álbum menos rock'n'roll da banda: mas, pesando tudo, isso não é uma coisa ruim, porque o grupo trilha um modo experimental, colhendo os frutos mais maduros da árvore musical de meados dos anos 1970. Keith até disse que, pelo fato de inúmeros guitarristas participarem das gravações, ele é que esteve encarregado de todo o processo, mas é óbvio que o disco tem também a cara de Mick. Foi ele que teve a ideia de trazer Harvey Mandel, do Canned Heat, e sua guitarra dá o tom funk e pulsante de "Hot Stuff", primeira incursão dos Stones na dance music. Lançada como lado B de "Fool To Cry" nos EUA, tornou-se o primeiro sucesso da banda nos clubes. "Hand of Fate", com Wayne Perkins na guitarra, é uma das duas músicas rock do álbum, sendo a outra a subestimada "Crazy Mama", em que Keith toca guitarra e baixo, e Ronnie faz uma aparição nos vocais. "Cherry Oh Baby" é uma versão fiel, mesmo que com pouco brilho, de um sucesso de Eric Donaldson na Jamaica em 1971, e a primeira contribuição oficial de Ron Wood a um disco dos Stones como guitarrista. O destaque vai para a faixa "Memory Motel", épica balada de estrada, com tocante dueto vocal de Mick e Keith, intercalando seus versos. "Hey Negrita" é outro funk típico dos Stones, e "Melody" (inspirada em Billy Preston) tem um clima delicioso, relaxado, de inspiração jazzística.

No final de abril, a banda deu início a uma turnê de três meses pela Europa. Além de visitar a Alemanha Ocidental, o Reino Unido, a Bélgica, a Holanda, a França, a Suíça e a Áustria, também tocou na Espanha e na Iugoslávia, países onde a banda não havia tocado

até então. No total, a banda tocou para mais de meio milhão de fãs, sua maior turnê pela Europa até então. O produtor Harvey Goldsmith disse ter recebido mais de 1 milhão de pedidos de ingresso para os três shows de Londres. Três datas foram acrescentadas em Earls Court, mas não foram suficientes para atender a demanda, e o preço dos ingressos disparou no mercado negro. Mais uma vez, a banda alcançava novos patamares de produção. O palco em si custou £ 150 mil – valor astronômico para a época – e, claro, o falo inflável estava presente para ofender e chocar.

Pouco antes dos shows de Londres, Keith sofreu (de novo) um acidente quando dormiu no volante e bateu seu Bentley perto de Newport Pagnell. Por milagre, ainda que o carro tenha ficado destruído, Keith saiu ileso. Contudo, os policiais encontraram substâncias duvidosas, e Keith foi acusado da posse de drogas (de novo). Outra tragédia atingiu Keith e Anita duas semanas depois, quando a filha deles, Tara, de 10 meses, morreu devido a um vírus gripal em um hospital de Genebra, na Suíça.

Após a turnê, a banda podia folgar por todo o restante do verão, porém voltou a tocar ao vivo, no dia 21 de agosto, no seu maior show na Inglaterra desde o do Hyde Park em 1969. Nos imensos gramados de Knebworth House, em Hertfordshire, eles tocaram para um público enorme, estimado em cerca de 200 mil pessoas, com Lynyrd Skynyrd e 10CC. Como ainda era normal nessa época, os Stones se atrasaram (cerca de 4 horas), mas o incansável público acabou sendo recompensado com um variado programa de 28 canções e mais de duas horas e meia de apresentação, que cobriam a carreira inteira da banda. O evento foi filmado e gravado, porém nenhum filme oficial nem disco ao vivo foi lançado até agora.

Acima: entrada da Earls Court Arena, em Londres, cheia de fãs dos Rolling Stones, em maio de 1975.

Abaixo: "Woody" está resplandecente em seus óculos escuros.

À direita: Knebworth Park, em Hertfordshire, em 21 de agosto de 1976. Uma multidão compareceu.

1977-78: MAIS ENCRENCAS

Os delitos do verão anterior levaram Keith a comparecer novamente perante o tribunal em 10 de janeiro. Ele continuou dizendo que a jaqueta que usava e que continha as substâncias ilícitas não lhe pertencia e que ele a pegara às pressas depois de um show. Isso foi confirmado por Ian Stewart e pelo diretor de turnê de longa data, Alan Dunn. Finalmente, Keith foi julgado culpado da posse de cocaína, mas não da posse de uma pequena quantidade de LSD. Foi multado em £ 750 e condenado a pagar £ 250 de custos judiciais. Contudo, o uso cada vez maior de drogas logo levaria Keith a mais encrencas.

Em meados de fevereiro, a banda fechou outro acordo lucrativo com a Atlantic nos EUA e com a EMI para o resto do mundo. Um álbum duplo ao vivo, gravado durante as turnês pela América do Norte e pela Europa, ia ser lançado com as novas gravadoras. Para soar diferente do padrão dos outros álbuns duplos ao vivo, decidiu-se marcar um show no pequeno clube El Mocambo, em Toronto, Canadá, em que a banda voltaria às raízes e tocaria um repertório blues a ser incluído no disco.

No entanto, ao chegar a Toronto, Anita Pallenberg foi barrada na alfândega com 10 gramas de haxixe e uma pequena quantidade de heroína. No dia seguinte, a polícia canadense fez uma batida no quarto de hotel de Keith, onde encontrou outras drogas. O problema era sério. Os passaportes de Keith e Anita foram confiscados. A quantidade de heroína encontrada era suficiente para que fossem acusados de tráfico. Se fossem declarados culpados, podiam receber uma longa sentença. Mesmo uma branda acusação de posse podia resultar em sete anos de cadeia. Agora, não havia dúvida de que Keith estava seriamente viciado. Foi confinado no hotel, e, para que pudesse aguentar, outras pessoas compravam drogas para ele.

O show no clube foi confirmado e, embora abalada, a banda tocou suficientemente bem para preencher um lado do disco duplo. Agora, no entanto, o medo de que Keith viesse a ficar preso por um longo tempo era real, e havia dúvidas sobre o futuro dos Stones. Eles poderiam continuar sem ele?

Os fãs lançaram a campanha "Libere Keith", e vários deles ficaram de vigília na frente do hotel e do tribunal. O julgamento de Anita foi marcado para 14 de março, e ela se livrou com duas multas pequenas. Já o de Keith foi marcado para 27 de junho. Nos bastidores, os advogados da banda estavam agindo para manter Keith fora da prisão, enquanto várias pessoas de todos os cantos tentavam afastá-lo da heroína.

Finalmente, encontrou-se uma clínica de boa reputação em Nova Jersey (EUA), e o julgamento acabou sendo adiado até o começo de dezembro. O disco ao vivo, intitulado *Love You Live,* com uma capa chocante, particularmente lasciva, criada por Andy Warhol, foi finalmente lançado, em 23 de setembro, e chegou ao nº 5 tanto na Inglaterra como nos EUA.

Com a dependência de Keith e os problemas judiciais que pesavam sobre ele, a melhor coisa que a banda podia tentar e sabia fazer bem era mantê-lo concentrado na composição de músicas. Com essa meta, foram para o estúdio Pathé Marconi da EMI, em Paris, para dar início ao novo álbum. As sessões seguiram-se até março e estão entre as mais produtivas da carreira da banda. Cerca de cinquenta canções foram iniciadas, e a banda, menos Mick e Bill Wyman, até gravou um compacto para Keith – uma versão de "Run Rudolph Run", de Chuck Berry, que, com "Pressure Drop", de Toots and the Maytals, foi lançada em dezembro de 1978.

No alto: convite do show de Buffalo.

Acima: cena do clipe de "Miss You".

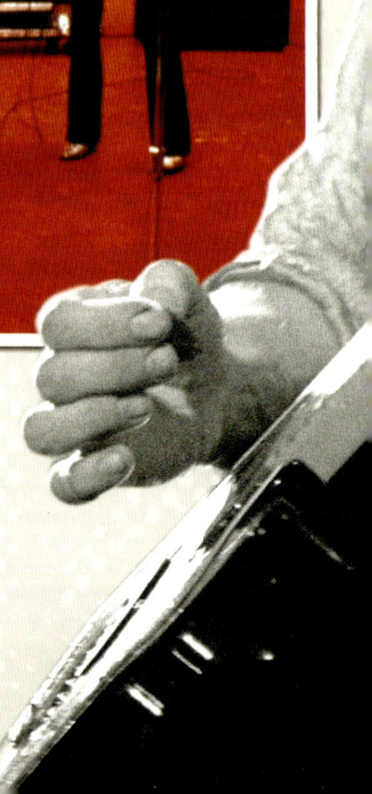

À direita: Mick e Andy Warhol no lançamento de *Love You Live*.

Abaixo, à direita: capa muito rara do compacto "Beast of Burden".

Abaixo: Nova York, maio de 1978. Foto de Michael Putland.

19 DE MAIO

Compacto: Miss You/Far Away Eyes (Rolling Stones Records EMI 2802)

Um dos compactos de maior sucesso dos Stones e uma obra-prima em termos de *timing* e execução, "Miss You" provou que a banda ainda tinha gás e que, quando se tratava de soar nos padrões da época, era tão boa como quaquer outra. Mick namorava Jerry Hall, e eles frequentavam a cena club de Nova York. A disco music estava no auge, e "Miss You" era a perfeita combinação do rock'n'roll com a dance music. Uma versão ampliada foi lançada em vinil rosa, e os Stones tiveram seu primeiro nº 1 nos EUA depois de mais de cinco anos.

16 DE JUNHO:

Some Girls (Rolling Stones Records CUN 39108)

Miss You/When the Whip Comes Down/Just My Imagination/Some Girls/Lies/Respectable/Before They Make Me Run/Beast of Burden/Shattered

Sob vários aspectos, *Some Girls* é notável. Os problemas de Keith, o punk, a New Wave, a explosão da disco music nos dezoito meses anteriores e a percepção dos críticos que rotulavam a banda de ultrapassada, tudo isso ajudou a dar aos Stones o ímpeto necessário para provar ao mundo que ainda eram relevantes e podiam enfrentar (e vencer) os inúmeros supostos usurpadores de sua coroa. O álbum é ardente, engraçado, dançante, contemporâneo, eclético, singelo e polêmico. Além da disco music de "Miss You", tem punk com "When the Whip Comes Down", "Shattered" e "Respectable", a falsa canção country "Far Away Eyes" e a versão pop-soul de "Just My Imagination", dos Temptations. Basta adicionar a ótima "Before They Make Me Run", de Keith, para completar o que muitos consideram como sendo o último grande disco dos Rolling Stones.

CHARLIE WATTS

Charles Robert Watts nasceu em 2 de junho de 1941, no University College Hospital, em Londres, filho de Charles e Lilian (nascida Eaves) Watts. Charlie e sua irmã Linda foram criados em Islington e depois em Kingsbury, bairro bastante próspero do norte de Londres.

Considerado um dos maiores bateristas do rock, Charlie quase sempre rejeitou o estilo de vida rock'n'roll, e até hoje mantém o comportamento de um músico de jazz que, quase por acaso, entrou para a "maior banda de rock'n'roll do mundo".

Segundo a lenda, o jovem Charlie ganhou um banjo dos seus pais, mas, perplexo diante do complicado livro de acordes que o acompanhava, ele desmontou o instrumento e, com a ajuda de cola e peças do jogo Meccano, transformou-o num tambor. Seus pais entenderam o recado e, logo depois, tomaram a séria decisão de comprar uma pequena bateria para o filho.

Desde os primórdios, o jazz sempre foi o primeiro amor de Charlie. Ele teria dito: "Eu queria ser Charlie Parker", e, além de Bird, ele gostava de escutar grandes músicos como Thelonious Monk, Dizzy Gillespie e Lester Young.

Ainda jovem, Charlie acompanhou aulas de design gráfico, e, mais tarde, uma das suas tiras ilustraria a contracapa de *Between the Buttons*. Em 1964, publicou e ilustrou um livro infantil sobre Charlie Parker, *Ode to a High Flying Bird*.

Sua nova carreira musical o levou a tocar com várias formações de jazz e, finalmente, como o Blues Incorporated de Alexis Korner. No entanto, e embora tivesse outros trabalhos esporádicos e mais bem pagos, ele se juntou aos Stones em janeiro de 1963. Com sua típica discrição, ele disse sobre a saída da banda de Alexis: "Eu não era bom o suficiente. Eram músicos fantásticos; eu não conseguia manter o ritmo. Quando saí, Ginger Baker tomou meu lugar". Sua primeira apresentação com a banda foi no Ealing Jazz Club, em 12 de janeiro de 1963.

A seção rítmica que eles constituíam combinou de imediato, não só enquanto pessoas, mas, ainda mais importante, como músicos. Eles formaram a base do rock dos Stones dos trinta anos seguintes. O fato de tanto Bill como Charlie serem vistos como os "intrusos" foi útil. Junto com Ian Stewart, eram os sensíveis e estoicos, que compensavam as façanhas de Mick, Brian, Keith e, mais tarde, Andrew Loog Oldham.

À direita: Um homem respeitado, o sempre impecável sr. Charlie Watts.

O fato de se casar ainda jovem com certeza ajudou Charlie a ter uma posição quase sempre de fora da loucura que tomaria conta dos Stones. Ele conheceu sua futura mulher, Shirley, um pouco antes de a banda ficar famosa; sua única filha, Seraphina, nasceu em 18 de março de 1968. O amor do casal tem sido tão duradouro que os dois estão juntos há mais de 46 anos.

Embora nunca tenha sido tentado pela maioria dos excessos que atormentaram a banda, Charlie passou por uma fase um tanto incongruente no início dos anos 1980, quando começou a usar heroína. Sarcástico, disse que foi tentado a experimentar a droga porque era a última coisa que as pessoas iam esperar dele. Isso é muito revelador sobre o homem que conseguiu se livrar das drogas sem ter que recorrer a terapias caras e sem que o público soubesse. De fato, esse episódio teria se mantido um assunto privado se Charlie não tivesse decidido revelar o segredo depois de trinta anos.

Foi nessa época que, consta, uma famosa altercação teria acontecido entre o baterista e o cantor da banda. Com os Stones desarticulados e o futuro incerto, os membros se juntaram em Amsterdã, na Holanda, para tentar resolver suas diferenças. Dizem que um Mick Jagger bastante animado chamou Charlie do seu quarto de hotel de manhã cedo e disse: "É o meu baterista? Por que não levanta a bunda daí e desce até aqui?" Então, rapidamente, Charlie tomou banho, fez a barba, vestiu um terno, foi até o quarto de Mick e disse: "Você é o meu maldito cantor", antes de acertar Mick com um soco esquerdo. Obviamente, até hoje esse assunto é tabu.

Fora dos Stones, Charlie continuou a perseguir o seu amor pelo jazz. Durante os períodos em que a banda está parada, ele sempre toca e grava com seu próprio grupo e orquestra de jazz; a big band de Charlie, que chegou a excursionar nos anos 1980, incluiu sumidades como Courtney Pine e Evan Parker. Mais tarde, o Charlie Watts Quintet trabalhou com o cantor Bernard Fowler, que fez turnês com os Stones durante os anos 1990 e 2000. Também se juntou a Ian Stewart para o projeto Rocket 88, que resultou na produção de um disco epônimo lançado pela Atlantic em 1981.

Em junho de 1994, Charlie foi diagnosticado com câncer na garganta. No entanto, após intensa radioterapia, a doença regrediu e o baterista recuperou toda a sua saúde.

Keith Richards uma vez disse de seu amigo e adversário ocasional Mick Jagger: "Mick é o rock, eu sou o roll": mas Charlie é realmente o rock e o roll, porque, sem Charlie para manter os membros juntos ao intermediar as várias facções, a banda poderia ter acabado ressentidamente ainda nos anos 1980. Por suas boas e amigáveis relações tanto com Mick como com Keith, ele é a voz da razão na banda, e felizmente gosta desse papel de diplomata quando as coisas parecem sair dos eixos; e é claro que, sem seu jeito sereno de tocar e sua batida sólida, os Stones não seriam a banda que conhecemos e amamos até hoje.

À esquerda: o sr. e a sra. Watts.

À direita: o imprescindível sr. Watts fazendo o que mais gosta, em maio de 2009.

NOS ANOS 1980

Foram necessários dezenove meses para que o processo de Keith em Toronto fosse julgado. Finalmente, em outubro de 1978, diante da boa vontade do guitarrista em seguir um tratamento para sua dependência e do depoimento de uma fã cega que declarou ao tribunal que ele cuidou dela quando ela seguiu a banda na turnê, Keith foi multado e solto, sob a condição de fazer um show beneficente grátis em Toronto.

À esquerda: L.A. Coliseum (EUA), outubro de 1981. Mick diante de 100 mil fãs.

Acima, à direita: junho de 1980, Nova York, festa de lançamento de *Emotional Rescue.*

Então, em abril de 1979, Keith e a nova banda de Ronnie, The New Barbarians, que incluía Stanley Clark (baixo), Joseph Modelliste (bateria) dos Meters, Ian McLagen (teclado) e Bobby Keys no saxofone, fizeram duas apresentações junto com os Rolling Stones no Oshawa Civic Auditorium, em Toronto, Canadá. Essa seria a última apresentação ao vivo da banda por cerca de dois anos e meio.

Com Keith e Ronnie envolvidos nos New Barbarians, e Mick em vias de se divorciar de Bianca, as perspectivas dos Stones no começo da nova década não pareciam particularmente róseas. O trauma de Toronto provocou uma terrível tensão na relação de Mick e Keith, e foi com bastante apreensão que a banda se reuniu em junho de 1979 para começar a trabalhar no que iria se tornar o álbum *Emotional Rescue*. O trabalho seguiu de forma esporádica até meados de outubro e, durante esse tempo, Keith e Ronnie, nos New Barbarians, tocaram em Knebworth com Led Zeppelin.

20 DE JUNHO DE 1980

Emotional Rescue (Rolling Stones COC 16015)

Dance (Part 1)/Summer Romance/Send It To Me/Let Me Go/Indian Girl/Where the Boys Go/Down in the Hole/Emotional Rescue/She's So Cold/All About You

Infelizmente, a qualidade criativa e comercial de *Some Girls* não se repetiu. Com todos os problemas que acabaram ocorrendo nos últimos dois anos, isso não surpreendeu. As tensões no trabalho, particularmente entre os Glimmer Twins, eram grandes. Em termos de criação, Mick e Keith procuravam sons diferentes; Mick queria seguir adiante e abraçar os sons e tecnologias da nova década, e Keith, talvez inevitavelmente, queria que a banda voltasse às suas raízes. Bill Wyman resumiu nitidamente isso: "Keith – guitarras; Mick – dança". De acordo com Keith, Mick queria sucesso, enquanto ele "estava pouco se lixando". Afora a seleção das faixas, era a mixagem do álbum que causava mais queixas, e quase terminou por ser mais demorada do que a própria gravação. Houve várias altercações entre Mick e Keith durante esse período. O que antes eram apenas rusgas agora era um racha, cada vez maior.

Embora não seja tão bom quanto seu predecessor, o álbum ainda traz o mesmo prazer eclético, com canções passando por vários estilos. "Dance", coescrita por Ronnie Wood, confirma seu título, e foi outro sucesso de clube da banda; como "Send It To Me", outra tentativa reggae com letra engraçada, e rocks com ótimos riffs, "Summer Romance", "Where the Boys Go" e "She's So Cold". A última faixa, "All About You", tocante balada, é marca registrada de Keith.

Por incrível que pareça, o álbum foi um sólido nº 1 na Inglaterra e nos EUA, e ficou sete semanas no topo da Billboard Top 200, um recorde para os Stones.

28 DE AGOSTO DE 1981

Tattoo You (Rolling Stones Records CUNS 39114)

Start Me Up/Hang Fire/Slave/Little T & A/Black Limousine/ Neighbours/Worried About You/Tops/ Heaven/No Use in Crying/ Waiting on a Friend

De forma incomum, os Stones decidiram não fazer turnê para *Emotional Rescue*, e passaram o tempo trabalhando com projetos solo (de Ronnie e Bill) ou de outras bandas. Com isso, Mick e Keith passaram mais tempo no estúdio com o engenheiro Chris Kimsey para trabalhar e limpar uma série de canções que haviam sido descartadas de sessões anteriores, em alguns casos tão longe quanto o início dos anos 1970. O que poderia ter acabado como uma miscelânea de faixas terminou emergindo como um todo impressionante e coerente que resiste à produção ulterior da banda.

O primeiro compacto, "Start Me Up", calou a boca dos que diziam que a banda havia se suavizado. Originalmente de 1975, quando foi concebida como uma improvisação reggae para as sessões de *Black and Blue,* acabou se tornando um rock clássico dos Stones. O restante do álbum mostra a mesma garra. "Waiting on a Friend" (outro compacto) é uma linda balada, imortalizada em um tocante clipe. Mesmo assim, a faixa de destaque é "Slave", 6 minutos e 32 segundos de tórrido clima lascivo típico da banda, com incríveis solos de sax do gigante do jazz Sonny Rollins.

Depois do lançamento, a banda iniciou uma grande turnê pelos EUA, com 50 shows em 28 cidades, do começo de setembro a meados de dezembro. Mais uma vez, os Stones atingiram um novo patamar em termos de produção de turnê. O palco e os cenários eram impressionantes, os maiores já construídos até então para uma apresentação ao vivo. O impressionante trabalho artístico, de 68 x 45 m, era composto de pinturas originais do artista japonês Kazuhide Yamazaki. Depois desta, os Stones ficaram sem fazer turnê na América do Norte por oito longos anos.

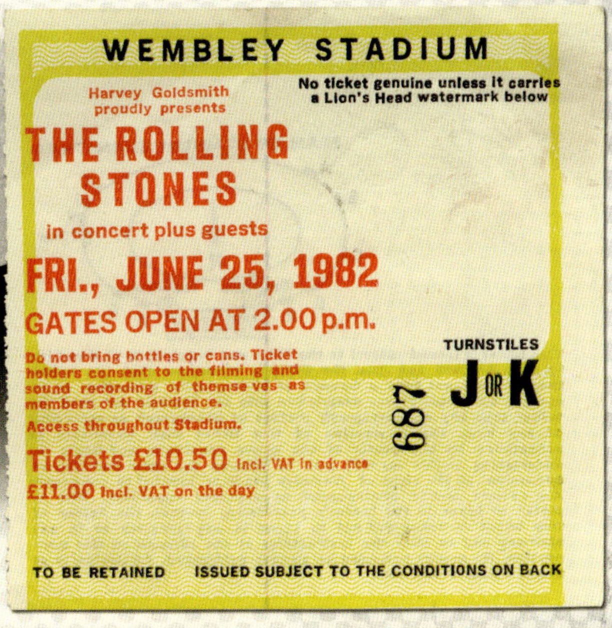

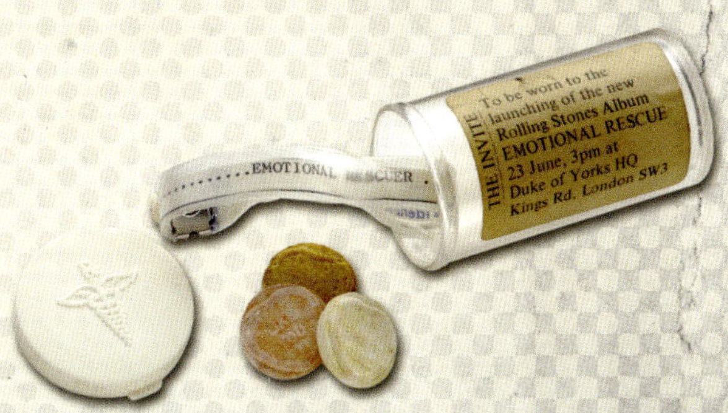

À direita: esperando para tocar, na Europa, em 1982. O que Mick está vestindo?

Acima: o convite para a festa de lançamento de *Emotional Rescue* incluía objetos vinculados a hospitais e até uma pulseira.

RONNIE WOOD

Nascido em 1º de junho de 1947, no bairro de Hillingdon, a oeste de Londres, Ronald David Wood é o membro mais jovem da atual formação dos Rolling Stones. Junto com seus irmãos mais velhos, Ted e Art, ele fazia parte da primeira geração de um ramo do clã Wood a nascer sentindo a terra firme sob os pés; seu pai Arthur (Archie) e sua mãe Mercy Leah (Lizzy) nasceram de famílias romanticamente conhecidas como ciganos da água, e cresceram em barcaças atracadas no canal de Paddington, do centro-oeste de Londres.

Acima: The Faces em seu ambiente natural (o *pub*), da esquerda para a direita, Rod Stewart, Kenney Jones, Ian McLagen, Ronnie Lane, Ronnie Wood.

Ele passou os primeiros anos na área de Yiewsley, em Hillingdon, perto do aeroporto de Heathrow. Idolatrava seus irmãos mais velhos, e quando Art, já adolescente, pegou uma guitarra, Ronnie seguiu seu exemplo. A primeira banda de Ronnie, os Birds, formada com outros garotos de Yiewsley, embarcou na onda Mod e conseguiu atrair certa fama local, despertando o interesse de alguns selos.

Os Birds gravaram três compactos para a Decca, porém sem sucesso. Quando a banda da Costa Oeste americana e fetiche de Dylan, The Byrds, chegou à Inglaterra com o mesmo nome, os Birds ingleses se separaram. Ronnie e o baixista Kim Gardner entraram em The Creation, que se tornou uma das grandes bandas cult dos anos 1960. Porém, Ronnie ficou pouco tempo e logo se juntou à Jeff Beck Band, que incluía seu futuro parceiro de crime, o vocalista Rod Stewart. A banda também contava, no piano, com Nicky Hopkins, que foi por muito tempo associado aos Stones.

Depois de gravar dois álbuns com Beck, *Truth* e *Beck-Ola*, e apesar de ter tido certo sucesso na Inglaterra e nos EUA, Ronnie e Rod saíram para cuidar da sua própria banda, The Small Faces, com Ronnie Lane, Ian McLagan e Kenney Jones, que, junto com Steve Marriott, já passara por poucas e boas em algumas bandas Mod locais. Marriott saiu de repente, desiludido com a direção artística escolhida por seus parceiros e com a administração da banda.

Agora simplesmente The Faces, a imagem de beberrões e camaradas e as incendiárias apresentações ao vivo logo lhes trouxeram uma formidável reputação, além do sucesso paralelo de Rod Stewart em carreira solo (grande parte da banda tocou nos seus álbuns solo), trazendo enorme sucesso dos dois lados do Atlântico. Apesar disso, o trabalho solo de Rod ofuscava os Faces, e quando, no lançamento do quarto LP da banda, *Ooh La La*, em 1974, ele disse que não gostara do resultado, a banda começou a desandar. O compositor Ronnie Lane saiu para cuidar dos seus próprios negócios, e, depois de uma tensa turnê nos EUA e um último compacto, Rod tomou a decisão de sair da banda.

Quando Mick Taylor anunciou sua saída dos Rolling Stones, naquele ano, a banda ficou diante de um dilema. Ronnie era o substituto ideal, mas a questão não era tão simples assim. Tanto Mick como Keith haviam contribuído para o disco solo de Ronnie, *I've Got My Own Album To Do*, mas, nessa altura, os Faces ainda tinham uma razão de ser, e ele não estava prestes a abandoná-los. Os Stones tinham sessões de gravações agendadas e uma enorme turnê marcada, e vários outros candidatos estavam sendo cogitados; de fato, Harvey Mandel e Wayne Perkins foram seriamente considerados para o papel.

No entanto, seu caráter afável e sua relação com Mick e Keith fizeram a diferença, e sua maneira de tocar é totalmente complementar à de Keith e remete à época em que este e Brian Jones quase podiam trocar as partes de guitarra. Finalmente, chegou-se a um consenso, e Ronnie foi contratado para a turnê nos EUA, e, em dezembro, quando Rod anunciou que deixava os Faces, o acordo foi efetivamente firmado. Contudo, Ronnie ainda não se tornara um autêntico membro dos Stones antes do começo dos anos 1990, tendo recebido pagamentos pontuais, como bônus, pelas turnês até esse momento. No início, quando os Stones ficavam de folga, Ronnie continuava com seu trabalho solo e várias outras atividades extracurriculares. Seu segundo álbum solo, *Now Look*, foi lançado em 1975; apresentando contribuições de luminares como Bobby Womack, Willie Weeks, Mick Taylor e Andy Newmark, além, claro, de Keith, é um álbum bastante bom de blues e R'n'B, com pitadas de boogie. Seu terceiro álbum solo, *Gimme Some Neck*, foi lançado em 1979, com nova participação ativa de Keith. Outros parceiros atuais ou antigos ajudaram, como Charlie Watts, Mick Jagger e Ian McLagen. Bobby Keys e Mick Fleetwood também se juntaram à festa.

Keith e Ronnie iam se reunir de novo nos New Barbarians, que fizeram seu primeiro show como parte da pena de Keith no caso judicial de Toronto, em 1979. No mesmo ano, a banda fez uma turnê pelos EUA e acompanhou Led Zeppelin (no que seria sua última apresentação) em Knebworth.

Incrivelmente, Ronnie a essa altura já está com os Stones há 35 anos, o que supera o tempo de banda de Bill Wyman. Hoje, quando a banda não está trabalhando, ele preenche seu tempo tocando e ocasionalmente gravando um disco, e persegue seu amor pela arte pintando retratos de amigos e músicos.

Acima: marca registrada de Ronnie – sua Telecaster, enfeitada para a turnê Urban Jungle, de 1989-90.

À direita: outra das clássicas obras de Ron, esta celebrando a turnê Forty Licks.

UNDERCOVER E ADIANTE

A gigantesca turnê americana que se seguiu ao lançamento de *Tattoo You* foi muito lucrativa para os Stones, mas sua duração apenas contribuiu para piorar de novo as relações internas da banda. Agora, Mick estava tomando as rédeas dos negócios e intencionava maximizar a renda filmando uma série de shows para um futuro lançamento em filme e vídeo. Uma turnê de dois meses pela Europa no verão de 1982 ainda estava em estágio de planejamento, mas, de início, não parecia ser financeiramente viável. Inevitavelmente, talvez Mick não pretendesse excursionar pela Europa só para cobrir as despesas; o restante da banda desejava continuar. Com alguns ajustes, estimou-se que cada um dos membros iria lucrar US$ 500 mil: nada mau por cerca de 70 horas de dura labuta no palco!

Surgiram discussões quanto à necessidade de longos ensaios para a turnê. Sempre perfeccionista, Mick queria que a banda se reunisse por cinco semanas, enquanto Keith achava que uma era o suficiente.

A turnê finalmente começou, em 26 de maio, no Capital Theatre, em Aberdeen, Escócia, com mais dois shows em teatros antes que a banda voltasse às suas raízes num show "secreto" para trezentas pessoas, no 100 Club, em Londres, em que o grupo foi anunciado como Diz and the Doormen. Os shows em clubes iam se tornar comuns nas estadias da banda em Londres, nas turnês subsequentes, em geral acompanhados por certo frenesi midiático e alta procura de ingressos.

Então, com um palco quase igual ao da turnê americana do ano anterior, a banda tocou em estádios pela Europa. A turnê visitou a Holanda, Alemanha Ocidental, França, Suécia, Itália, Áustria, Espanha, Suíça e Irlanda, e culminou no Roundhay Park de Leeds, em 25 de julho.

Em 1º de junho foi lançado o terceiro disco ao vivo dos Stones. Intitulado *Still Life (American Concert 1981)*, documentou a turnê do ano anterior e, além da edição normal, houve uma tiragem limitada em *picture disc*. Alguns exemplares lançaram erroneamente faixas alternativas; hoje esses discos valem uma fortuna junto aos colecionadores. Embora não seja um disco ao vivo essencial dos Stones, a popularidade da banda garantiu que chegasse ao 5º lugar nas paradas da Inglaterra e dos EUA.

Após uma pausa no verão, a banda se reuniu em Paris, em novembro, com o conselheiro financeiro Prince Rupert Lowenstein para elaborar planos para o futuro. Entre eles, havia um novo álbum de estúdio para o verão de 1983 e uma coletânea que precisava da permissão de Allen Klein para utilizar algumas faixas do repertório da banda dos anos 1960.

Tattoo You tinha sido um trabalho de resgate, embora ótimo; bem--sucedido, havia utilizado e limpado com êxito uma década de coisas antigas. No entanto, cientes de que precisavam imperativamente gravar coisas novas, os Stones, perto do 20º aniversário do primeiro compacto, se reuniram no estúdio Pathé Marconi, em Paris, para começar a trabalhar. A eles se juntou o engenheiro Chris Kimsey, para coordenar os métodos de produção dos Glimmer Twins.

Mais uma vez, houve conflitos em relação à direção que a banda deveria ter musicalmente. Mick queria abraçar as técnicas de estúdio, e Keith buscava a simplicidade. Ele se lembra de ter cunhado para Mick o apelido nada lisonjeiro de "Brenda". Mick parecia querer controlar a banda, e Keith em particular se ressentia

Abaixo: volta às raízes, ao vivo no 100 Club, em Londres, em 31 de maio de 1982.

Acima: Keith na filmagem do vídeo "She Was Hot".

disso. Tentou contornar a situação indo ao estúdio quando sabia que Mick não estaria lá. Assim, num dia típico, Mick costumava trabalhar do meio-dia às 17h, enquanto Keith utilizava horários mais noturnos, da meia-noite às 5h. Keith não se preocupou em poupar críticas a Mick, enquanto Mick diplomaticamente se manteve calado. Pode-se pensar que, se Mick não tivesse exercido esse mínimo de controle, os Stones talvez não tivessem tido futuro.

7 DE NOVEMBRO:

Undercover (Rolling Stones Records 1654361)

Undercover of the Night/She Was Hot/Tie You Up (The Pain of Love)/Wanna Hold You/Feel on Baby/Too Much Blood/Pretty Beat Up/Too Tough/All the Way Down/It Must Be Hell

As sessões de *Undercover* terminaram no Hit Factory, em Nova York, com a seção rítmica jamaicana de Sly Dunbar e Robbie Shakespeare. Chuck Leavell, ex-Allman Brother, também tocou teclados; mais tarde, Chuck se tornaria figura obrigatória nas extensas turnês da banda.

A faixa que dá título ao álbum foi lançada uma semana antes como compacto e acompanhada de um polêmico vídeo. Proibido pela BBC, o vídeo finalmente estreou na íntegra, exibido num programa especial, tarde da noite, da London Weekend Television, e mostrava um sequestrador (Keith no papel) atirando em um jornalista (Mick) à queima-roupa. O diretor Julien Temple, que antes já havia trabalhado com os Sex Pistols, viu-se forçado a ir à TV para defender o filme. Assim, os Stones, agora em seus quarenta anos, ainda podiam provocar tempestades.

Undercover é um autêntico filho dos anos 1980. Se não é exatamente um clássico, acabou por resistir bem ao tempo graças ao instinto de Mick, uma vez que as faixas de tendência mais inovadora são as que melhor funcionam, em especial a do título, "Too Much Blood", com seu ritmo africano, e a sadomasoquista "Tie You Up (The Pain of Love)".

ANEXOS:

Item 17: cartão-postal de Mick Jagger ao escritório da Rolling Stones Records, c. 1978.

Item 18: carta com exigências para hotel de Belgrado.

Item 19: ingresso do Wembley Stadium, Londres, junho de 1982.

Item 20: passe AAA, turnê Voodoo Lounge, 1994–95.

Item 21: lista de set do Superbowl XL, fevereiro de 2006.

À esquerda: Mick e Ronnie nas alturas, na turnê europeia de 1982.

Acima: os Stones na festa de lançamento do filme *Let's Spend the Night Together*, em Nova York, em 18 de janeiro de 1983.

DIRTY WORK, MAS ALGUÉM TEM QUE FAZÊ-LO

Antes do lançamento de *Undercover*, os Stones assinaram outro contrato lucrativo. Dessa vez era um acordo mundial com a CBS e devia render à banda £ 28 milhões em quatro álbuns. A CBS ia ter que esperar cerca de três anos pelo novo álbum de estúdio da banda. Uma guerra fratricida estava minando os Stones e, para muitos, era possível que a banda não existisse em um futuro não muito distante. Os problemas foram exacerbados entre Mick e Keith quando veio à tona que, enquanto negociava o acordo da banda com Walter Yetnikoff, da CBS, Mick assinara um contrato solo de milhões de dólares.

À esquerda: Mick e Tina Turner no Live Aid, JFK Stadium, Filadélfia, em 13 de julho de 1985.

Com Mick ocupado, cada membro da banda foi cuidar dos seus interesses. Keith, que se casara com Patti Hansen no seu aniversário de 40 anos, em dezembro de 1983, curtia a vida de casado. Bill estava compilando e filmando para a Rewind uma série de vídeos para uma nova coletânea (lançada em 24 de julho de 1984), e começava uma escandalosa relação com a adolescente Mandy Smith. Charlie, nessa altura, parecia estar permanentemente bêbado, embora a verdade desse fato só viesse a ser conhecida cerca de vinte anos depois.

Mick começou a trabalhar em seu projeto solo em maio, gravando nos Compass Point Studios, em Nassau, nas Bahamas, com ótimos músicos, entre os quais a dupla de Chic, Bernard Edwards e Nile Rodgers, Jeff Beck, Pete Townshend, Sly e Robbie e Herbie Hancock. Quando os músicos da banda voltaram a se encontrar, em Nova York, em outubro (Bill estava ausente), combinaram de se reunir novamente em Paris, no começo do ano seguinte, para gravar o novo álbum.

Para desapontamento do resto da banda, as sessões do álbum foram adiadas quando as gravações do disco de Mick atrasaram: e quando este apareceu, não estava em condições de contribuir eficientemente com novas canções, já que boa parte delas fora usada no álbum solo. Isso, claro, deixou Keith furioso. Charlie, que estava numa crise pessoal, cortou a mão e, incapaz de tocar, voltou à Inglaterra para se recuperar.

Com as gravações emperradas, a banda contratou um produtor externo, o influente e inovador Steve Lilywhite, o que não acontecia desde Jimmy Miller em *Goats Head Soup*, em 1973. Lilywhite, embora consternado pelo clima, fez o possível para amenizar as coisas e manter um ouvido imparcial.

Perto do final de maio, houve conversações sobre a possibilidade de a banda tocar no próximo show mundial Live Aid. Bob Geldof chegou a voar até Paris para convencer a banda, mas houve uma forte relutância em interromper o processo de gravação. Contudo, no último minuto, Mick resolveu que queria se envolver e gravou o compacto "Dancing in the Street", com David Bowie. No dia do show, Mick cantou com Tina Turner, enquanto Keith, juntamente com Ronnie e Bob Dylan, tocou um set acústico embaraçosamente fraco.

No dia 12 de dezembro, Ian Stewart morreu de ataque cardíaco, aos 47 anos, na sala de espera de um médico na Harley Street. Em fevereiro, a banda se reuniu no palco pela primeira vez em quase quatro anos para prestar uma homenagem a Stu no 100 Club, na Oxford Street, em Londres, com a participação de Simon Kirke (ex-Free), Jeff Beck, Eric Clapton, Jack Bruce e Pete Townshend.

Abaixo: Ronnie, Bob Dylan e Keith em uma fraca apresentação no Live Aid.

24 DE MARÇO DE 1986

Dirty Work (Rolling Stones Records CBS 86321)

One Hit (To The Body)/Fight/Harlem Shuffle/Hold Back/Too Rude/Winning Ugly/Back To Zero/Dirty Work/Had It With You/Sleep Tonight

O olhar triste da banda na foto da capa (de Annie Liebovitz) talvez diga muito sobre *Dirty Work*. O álbum dos Stones menos apreciado por seus protagonistas, pelos críticos e pelos fãs é um trabalho difícil de se ouvir de ponta a ponta. Não é a toa que o primeiro compacto foi a bastante superficial "Harlem Shuffle", primeira versão escolhida como compacto (exceto faixas ao vivo) desde "Little Red Rooster" em 1964.

"One Hit (To the Body)", o segundo compacto, é notável graças à rítmica e à guitarra. O vídeo, apropriadamente, mostra Mick e Keith trocando socos. Além disso, o reggae "Too Rude" (na voz de Keith) é uma das melhores incursões da banda no gênero e "Sleep Tonight", uma ótima balada de Keith. Numa nota sombria, o álbum é dedicado a Ian Stewart com o seguinte texto: "Obrigado, Stu, por 25 anos de boogie-woogie", e acaba com Stu tocando "Key to the Highway", de Big Bill Broonzy, por 33 segundos.

Os Stones resolveram não fazer turnê para promover *Dirty Work*. Excetuando-se Keith, o resto da banda sentiu alívio. Até o taciturno Bill Wyman reconheceu que o fato de a banda ter que conviver vários meses na estrada teria sido fatídico nesse momento.

Logo Mick, por seu lado, voltaria a se engajar na produção de seu novo disco solo, e um frustrado Keith finalmente também iria iniciar um projeto solo. Charlie aproveitou esse tempo para resgatar seu amor pelo jazz tocando nos Estados Unidos e na Inglaterra com sua orquestra. Em fevereiro de 1987, ele lançou um disco ao vivo, *Live at Fulham Town Hall*.

Recompor em vez de dissolver

O segundo disco solo de Mick, *Primitive Cool*, foi lançado em 14 de setembro de 1987. Keith, que havia assinado contrato com a Virgin, lançou seu primeiro disco solo, *Talk Is Cheap*, em 3 de outubro de 1988. Ambos foram relativamente bem recebidos, obtendo boas vendas e alcançando sucesso.

Com a banda no limbo e seus dois membros principais brigados, a imprensa não perdia tempo. E as entrevistas que Mick e Keith deram na época só puseram mais fogo na lenha. Mick se queixou ao *Daily Mirror* de que "Keith queria dirigir a banda sozinho", dizendo: "Realmente não sinto que possamos voltar a trabalhar juntos". No *Sun*, Keith respondeu: "Ele deveria parar de se portar como Peter Pan e crescer", e mais: "Ele me disse na cara que não pode mais trabalhar comigo, mas não explicou o motivo". Até Bill, ante a pergunta da MTV sobre se os Stones tinham acabado, disse: "É o que parece".

Sem ouvir o lado da história de Mick Jagger, temos apenas a versão de Keith Richards, que explica por que, em janeiro de 1989, a relação melhorou. Keith, sendo como é, dissera que fora Mick que havia tomado a iniciativa e que "Mick precisava dos Stones mais do que os Stones de Mick". Eles se encontraram então em Barbados para aplainar as diferenças, e duas semanas depois participaram da introdução da banda no Rock'n'Roll Hall of Fame, numa premiação em Nova York, junto com Mick Taylor e Ronnie Wood.

Em meados de março, a banda ensaiou um novo material no estúdio Blue Wave, de Eddy Grant, em Barbados, antes de ir ao estúdio Air, de George Martin, em Montserrat, para iniciar a gravação. Também começaram a fazer planos para uma turnê pelos EUA ainda naquele ano. Apesar de terem ficado sem trabalhar juntos por quase quatro anos, as sessões foram produtivas. Com a ajuda do produtor Chris Kimsey, a banda criou mais de vinte novas canções.

Abaixo: Mick em solo. Gravação de *Primitive Cool*, Wisseloord Studios, Hilversum, Holanda, dezembro de 1986.

Embaixo, à esquerda: juntos de novo em *Dirty Work*, mas não muito felizes com isso.

1989: *STEEL WHEELS*

29 DE AGOSTO:
Steel Wheels (CBS 465752)
Sad Sad Sad/Mixed Emotions/Terrifying/Hold on To Your Hat/Hearts For Sale/Blinded By Love/Rock and a Hard Place/Can't Be Seen/Almost Hear You Sigh/Continental Drift/Break the Spell/Slipping Away

Embora *Steel Wheels* tenha sido muito bem recebido quando lançado, dificilmente entrará em qualquer lista dos melhores álbuns de rock'n'roll de todos os tempos. De fato, até lutaria para entrar na de melhores discos lançados em 1989; mas após os trabalhos dos cinco anos anteriores, foi um retorno agradável à forma – ou quase.

Gravado em relativamente pouco tempo (para os Stones), o disco como um todo tem bastante coesão, além de uma direção e fluidez que não transpareciam nos dois últimos trabalhos da banda.

O primeiro compacto, "Mixed Emotions", talvez se refira ao estado de espírito dos protagonistas em relação à repentina virada que permitiu reunir Mick e Keith. Foi uma escolha estranha para um compacto; "Rock and a Hard Place", do mesmo estilo, é bem melhor, mas foi deixada para o segundo compacto. Contudo, é quando a banda sai do eixo normal que o álbum fica interessante. "Continental Drift" tem participação dos principais músicos de Joujouka, pequena cidade onde há um famoso festival dedicado ao sufismo no norte do Marrocos; Mick recebera uma carta de um deles, Bachir Attar, que era criança quando Brian Jones gravou um disco ali com instrumentos locais, em 1969. Mick, Keith e Ronnie foram até a cidade marroquina de Tanger perto do fim da gravação e, com esses músicos, deram um jeito de criar uma sonoridade etérea, que incluísse os tambores dos sufis e flautas de pã.

Além disso, "Break the Spell" tem uma sonoridade rockabilly, o que sugere que a banda deve ter ouvido os Stray Cats; de fato, o trio de Nova York abriu alguns shows dos Stones durante a última turnê nos EUA. "Slipping Away" é uma calorosa balada de Keith, que iria se tornar sua marca registrada nos poucos discos seguintes, e "Almost Hear You Sigh", outro compacto, uma balada não muito lenta, foi coescrita com Steve Jordan, que já trabalhara no disco solo de Keith.

Steel Wheels vendeu bem, chegando a nº 3 na parada Billboard 200 e vendendo mais de 2 milhões de exemplares nos EUA. Foi nº 2 na parada inglesa.

À direita: Bill não reclama, turnê Steel Wheels, em Atlanta, Geórgia, em 24 de novembro de 1989.

Na estrada

A enorme turnê americana, que começou no final de agosto no Veterans' Stadium, em Filadélfia, e se encerrou em 20 de dezembro com três shows no Convention Center, em Atlantic City, foi um marco por vários motivos. Foi a primeira produzida pelo empresário canadense Michael Cohl. Tendo fechado um acordo com os Stones no começo de 1989, ele literalmente se apropriou da turnê – definindo os patrocinadores (entre os quais a Budweiser por US$ 3,5 milhões), o merchandising e negociando os direitos para televisão, rádio e filme. Foi o primeiro dos megacontratos que os Stones iriam fechar com o mundo corporativo pelos próximos vinte anos.

Os Stones tocaram para mais de 3 milhões de pessoas nos EUA e no Canadá, no outono e no inverno. Seguiram então para seus primeiros shows ao vivo no Japão em fevereiro, onde faturaram cerca de £ 20 milhões em apenas dez apresentações.

A turnê foi repensada e apresentada como "Urban Jungle" ao chegar à Europa, em maio do ano seguinte. Seu encerramento se deu no Wembley Stadium, em 25 de agosto de 1990. Foi a última apresentação de Bill Wyman como membro dos Rolling Stones.

À esquerda: o agora tradicional bis, em Atlanta, Geórgia, em 24 de novembro de 1989.

Abaixo: a despedida de Bill, seu último show no Wembley Stadium, em 25 de agosto de 1990.

À direita: Ronnie faz careta para a câmera, em Atlantic City, Nova Jersey, em dezembro de 1989.

BILL WYMAN

Membro mais velho do quinteto original, Bill Wyman nasceu William George Perks no Lewisham Hospital, no sudeste de Londres, em 23 de outubro de 1936. Mudou oficialmente seu nome para Wyman (do nome de um amigo do Exército, Lee Whyman) em 1964. Bill era o mais velho de seis filhos, todos nascidos de William George Perks Senior e de sua mulher, Kathleen May. Seu pai, pedreiro de profissão, ensinou-lhe piano e acordeão, e era muito solicitado nos acontecimentos sociais locais.

Acima: Bill fotografado por seu filho Stephen, em Lee Chapel South, Baslidon, Essex, em 29 de maio de 1967.

À direita: Bill na turnê europeia, em 1973.

Criança brilhante, a educação de Bill teve que ser interrompida quando ele estava na flor da idade, pois, quando seu pai ficou desempregado, o garoto logo precisou trabalhar para ajudar a família. Embora interessado em música desde pequeno (teve aulas de piano aos 10 anos), foi somente em 1954, aos 18 anos, ao entrar para o serviço militar na RAF, que ele comprou o primeiro violão e aprendeu a tocar. Ao contrário do resto dos Rolling Stones, ele gostava mais do rock'n'roll de Elvis, Bill Haley e Jerry Lee Lewis do que do blues e R'n'B de Muddy Waters e John Lee Hooker. Não demorou muito até que montasse uma banda.

Ao sair do serviço militar, em janeiro de 1958, Bill logo estava de volta ao ritmo da vida civil, participando de shows de rock'n'roll, skiffle e jazz em Londres. Também gostava de dançar, e foi assim que conheceu sua primeira esposa, Diane. Depois de um curto noivado, eles se casaram em outubro de 1959. No ano seguinte, Bill fez suas primeiras incursões na música popular. Inspirado por um colega de trabalho, Steve Carroll, que tocava num grupo amador, gastou a enorme quantia de £ 52 na época em sua primeira guitarra elétrica, uma Burns.

Tocando com uma banda chamada The Cliftons, com a qual ele se aprimorou, Bill teve uma luz ao assistir a um show dos Barron Knights em agosto de 1961. Tinham algo que faltava aos Cliftons – um baixista. Maravilhado pelo poder do instrumento, e em sua maneira de solidificar o som dos Barron Knights, Bill decidiu trocar imediatamente a guitarra pelo baixo.

No final de 1962, os Cliftons já tinham construído uma sólida fama de banda de rock'n'roll e se apresentavam regularmente na região de Londres, Kent e Essex. Seu caminho ia cruzar o dos nascentes Rollin' Stones quando, sem que o resto dos Cliftons soubesse, o baterista Tony Chapman respondeu a um anúncio publicado pelos Stones no *Melody Maker*. Foi Chapman que, depois da saída de Dick Taylor dos Stones, ajudou Bill a conseguir o trabalho que iria mudar sua vida para sempre.

Segundo reza a lenda, Mick, Brian e Keith se mostraram particularmente distantes ao conhecerem Bill, mas tudo mudou no primeiro ensaio, quando Bill tirou seu equipamento do carro. Um amplificador Vox AC30 novo em folha, com um grande alto-falante que o próprio Bill construíra, eclipsou o equipamento dos Stones, e, depois de outro teste, Bill foi contratado. Seu primeiro show com a banda aconteceu em 14 de dezembro de 1962, no Ricky Tick Club do Star and Garter Hotel, em Windsor.

A contribuição de Bill para o som dos Rolling Stones e para algumas das suas maiores canções é frequentemente subestimada. Já que ele nunca recebeu créditos como compositor, fica parecendo que seu papel foi apenas o de tocar a linha do baixo. Nada pode ser menos verdadeiro; ele foi um elemento vital na composição de uma série de clássicos dos Stones, inclusive de "Paint It Black" e "Jumping Jack Flash", e acrescentou o famoso baixo duplo em "Ruby Tuesday". "In Another Land", do disco *Their Satanic Majesties*, é um notável esforço solo de Wyman, e foi lançado como compacto nos EUA. Outra composição de Wyman, "Downtown Suzie", gravada durante as sessões de *Beggars Banquet*, foi finalmente lançada na coletânea *Metamorphosis*, em 1975.

As incursões de Bill na produção e seus trabalhos paralelos são bem menos conhecidos. Desde meados dos anos 1960, Bill se envolveu em vários projetos, como a jovem banda de rock The End, que ele administrou até o fim dos anos 1960, o cantor de R'n'B Bobbie Miller e a banda inglesa de blues-rock The Groundhogs. Quando The End mudou de nome para Tucky Buzzard (que por certo tempo teve contrato com o selo Purple, de Deep Purple), Bill produziu uma série de álbuns do grupo no começo dos anos 1970.

Acima: ainda um dos Stones. Ao vivo com os Rhythm Kings.

Frustrado pela falta de oportunidades de encaixar suas próprias canções nos padrões dos Stones, Bill começou uma bem-sucedida carreira solo em meados dos anos 1970. Dois álbuns, *Monkey Grip* (1974) e *Stone Alone* (1976), tiveram críticas favoráveis e um certo sucesso, mas foi o compacto "(Si Si) Je Suis un Rock Star" em 1981, que lhe deu um sucesso internacional.

Depois das gigantescas turnês Steel Wheels e Urban Jungle, em 1989-90, Bill informou aos outros membros que estava deixando a banda. Ele confessou que, particularmente, não estava mais gostando tanto da vida na estrada, e, como não havia nenhuma atividade dos Stones planejada, achou que era o momento certo para pular fora. Os outros tentaram dissuadi-lo a mudar de ideia, e foi em janeiro de 1993 que sua saída foi oficialmente anunciada.

Atualmente muito bem casado com Suzanne Accosta e com três filhas, Bill continua tocando ao vivo, e ainda se entrega a seus passatempos, a fotografia e a arqueologia.

1991-93: KEEP ON ROLLIN'

Em janeiro de 1991, os Stones voltaram aos estúdios. Muitas horas valiosas de material das turnês Steel Wheels/Urban Jungle foram mixadas e reorganizadas para um disco ao vivo, que seria o último deles para o selo CBS. Além disso, como parte do processo, duas novas canções foram gravadas no Hit Factory de Londres e seriam as últimas faixas com Bill Wyman ainda no grupo.

No intuito comercial, hoje comum, que consiste em acrescentar canções novas ou inéditas a coletâneas de grandes sucessos ou discos ao vivo, "Highwire" e "Sex Drive" foram incluídas no disco ao vivo *Flashpoint*, lançado no começo de abril de 1991. Em outra manobra comercial nos EUA, uma edição especial de *Flashpoint* com dois CDs foi lançada. O segundo disco, chamado *Collectibles*, trazia dez faixas raras e inéditas, entra as quais uma versão de quase sete minutos de "Rock and a Hard Place", e uma de oito minutos e meio de "Miss You".

"Highwire", sobre a futilidade da (Primeira) Guerra do Golfo, foi lançada em compacto para promover *Flashpoint*. Quando o clipe foi exibido no *Top of the Pops*, a BBC censurou a canção, cortando o primeiro verso. A funky "Sex Drive" também foi lançada em compacto com um vídeo bastante obsceno.

Em outubro de 1991, foi lançado o filme *Live at the Max*. Filmado em formato IMAX durante várias apresentações da turnê europeia de Urban Jungle, o filme é um documento espetacular de uma experiência dos Rolling Stones ao vivo.

Em novembro, a banda assinou outro contrato multimilionário, dessa vez com a Virgin Records, de Richard Branson. Além do direito de lançar os próximos projetos de estúdio da banda, a Virgin obteve ainda o controle do catálogo dos Stones pós-Klein desde o disco *Sticky Fingers*.

Ao lado da atividade do grupo, os membros agora tinham tempo para cuidar de sua carreira solo, além de outros projetos. Keith, que já tinha contrato com a Virgin como artista solo, começou a gravar seu segundo álbum, *Main Offender*, em Nova York, e Mick, com o produtor Rick Rubin, deu início em LA ao seu terceiro álbum solo, *Wandering Spirit*. Enquanto isso, Charlie cuidou do seu quinteto de jazz e lançou três álbuns no intervalo de cinco anos entre os

discos de estúdio dos Stones. Ronnie também se manteve ativo e gravou seu quinto disco, *Slide on This*, com um grupo de estrelas para apoiá-lo, entre as quais: Joe Elliot, The Edge, Simon Kirke, Ian McLagan e Charlie Watts.

Em abril de 1993, a banda tentou se reunir em Barbados, no Caribe, para preparar o próximo álbum, mas a substituição de Bill Wyman era problemática. Em vez de procurar enquanto gravava, como tinha feito quando recrutou Ronnie Wood, durante as sessões de *Black and Blue*, a banda marcou audições nos New York's S.I.R Studios, em junho de 1993. Depois de ensaiar com músicos de alto padrão, tais como Joey Spampinato (que tocara com Keith num show especial em tributo a Chuck Berry, em 1986), Garry Tallent (da E Street Band, de Bruce Springsteen) e Larry Taylor (que havia tocado com Canned Heat e John Mayall), eles finalmente acabaram escolhendo Daryll Jones.

Jones era um talento precoce que tocara com a banda de Miles Davis com a tenra idade de 18 anos e também em um dos álbuns campeões de venda de Sting, *Dream of the Blue Turtles,* além de muitas outras personalidades, como Herbie Hancock, Madonna, Cher, Peter Gabriel e Eric Clapton. Ele não se tornou membro oficial dos Rolling Stones, mas, como Chuck Leavell (teclados), Bernard Fowler (vocais), Lisa Fischer (vocais) e Blondie Chaplin (guitarra e vocais), seria contratado como músico permanente das turnês e gravações dos Stones para os próximos anos.

Em 26 de julho de 1993, foi a vez de Mick Jagger festejar seu 50º aniversário. Agora, também ele estava em uma banda de rock de quinquagenários, algo do qual ele sempre zombou durante anos.

No alto: Keith lança *Main Offender* com os X-Pensive Winos.

Acima: Keith ensaia com Steve Cropper, Robert Cray e Bob Dylan.

À esquerda: com o novo pagador, o patrão da Virgin Records, Richard Branson.

Com Daryll Jones a bordo, e o novo produtor Don Was no controle, as gravações recomeçaram para valer na Irlanda, primeiro no estúdio caseiro de Ronnie em Kildare e depois nos Windmill Studios em Dublin. Na casa de Ronnie, Keith encontrou uma lenda do rock'n'roll – Jerry Lee Lewis. Como ele estava ali por perto, a banda o convidou para tocar. Houve uma longa sessão de música e bebedeira, e Jerry Lee imaginou que as sessões estivessem sendo gravadas. Insatisfeito com o que ouviu, começou a desprezar a banda, e Keith, supostamente aborrecido, teria convidado Jerry Lee a ir lá fora para resolver as diferenças. Mas o bom-senso acabou prevalecendo.

Em 22 de novembro de 1993, o primeiro lançamento da banda pela Virgin chegou às lojas. Chamado *Jump Back*, era uma coletânea de dezoito compactos em CD (duplo vinil) do melhor do catálogo pós-Klein. Foi disco de ouro em toda a Europa, mas só foi lançado nos EUA em 2004.

Como parte do acordo com a Virgin, todos os discos de *Sticky Finger* a *Tattoo You* foram remasterizados por Bob Ludwig e relançados em formato CD (minivinil) em 1994.

KEITH RICHARDS

Filho único, Keith Richards nasceu no sábado em 18 de dezembro de 1943, no Livingstone Hospital, em Dartford, Kent. Seu pai, Herbert William Richards, descendia de galeses. Sua família se mudou para Walthamstow, nordeste de Londres, no final do século 19. Sua mãe, Doris, também galesa, tinha seis irmãs. Seus pais se conheceram trabalhando na mesma fábrica em Edmonton, no norte de Londres. As primeiras lembranças de Keith revelam que ele era um garoto introvertido que detestava a escola, mas gostava da vida ao ar livre. Keith e seus amigos passavam horas fazendo travessuras em Dartford Heath e arredores.

Foi o avô materno de Keith, exoticamente chamado Theodore Augustus Dupree, que desde cedo despertou o amor de Keith pela música. Gus, como era apelidado, era veterano da Primeira Guerra Mundial e fora regente de uma orquestra de dança nos anos 1930. Também tinha sido multiinstrumentista, tocando saxofone, violino e, mais tarde, violão. De fato, foi Gus que ensinou a Keith alguns acordes rudimentares no violão.

Aos 11 anos, Keith cantava no que ele chama de banda mais prestigiosa da sua vida, o coro de meninos da escola Dartford Tech. Keith cantava em um trio de garotos sopranos (antes da mudança da voz) e apresentou-se para a jovem rainha Elizabeth II na Abadia de Westminster. Mas sua carreira de corista acabou assim que sua voz mudou, um ano depois, e ele foi dispensado.

Como a música se tornou uma obsessão, ele passou a ouvir a Radio Luxembourg à noite, girando sem parar a antena devido à má sintonia. Assim, descobriu Elvis e vários músicos do rock'n'roll – Eddie Cochran, Gene Vincent, Little Richard e Buddy Holly.

Expulso da escola aos 15 anos, Keith teve a sorte de seu professor de arte ter reconhecido seu talento para o desenho e ter lhe arrumado um lugar no Sidcup Art College. Naquela época, ele já tinha seu primeiro violão, um Rosetti acústico, presente da mãe.

Entrosado com um bando de boêmios como ele, Keith estava à vontade. Logo formou um grupo de amigos, que comparavam seus gostos musicais e tocavam juntos. Então, aconteceu o feliz encontro de dezembro de 1961, quando Keith deu de cara com Mick Jagger na estação de Dartford, depois de anos. Passaram a ser amigos no mesmo instante. Keith se lembra de como eram inseparáveis, indo ver shows e percorrendo as lojas de discos de Londres, aprendendo centenas de canções e até tirando férias juntos. O repertório do começo incluía "Around and Around" e "Reelin' and Rockin'", de Chuck Berry, "Bright Lights, Big City", de Jimmy Reed, e "La Bamba", enorme sucesso de Richie Valens, de 1958.

Percebendo que a música era seu apelo, Keith saiu do Sidcup Art College para montar uma banda. Até tentou usar sua

Acima: guitarra Gibson Les Paul Custom de 1957, propriedade de Keith.

À esquerda: Keith e Patti Hansen na *première* do documentário *Stones in Exile*, em Nova York, em 11 de maio de 2010.

educação para conseguir um trabalho "honesto", quando foi entrevistado na agência publicitária de J. Walter Thompson, mas foi uma maneira de compensar os esforços de seu professor e não a vontade real de trabalhar na imprensa. Keith ia tocar sua vida do jeito que queria.

Durante as tempestuosas duas primeiras décadas dos Stones, Keith cultivou um certo ar de rebeldia rock'n'roll. Não há dúvida de que sua relação com Anita Pallenberg deve tê-lo influenciado. A modelo e atriz, de origem italiana, ampliou significativamente o horizonte de Keith, levando-o a sair de sua concha. Contudo, a relação dos dois não tinha muito futuro e murchou assim que Keith se livrou da heroína.

No decorrer da carreira dos Stones, Keith não costumava ser visto como aquele que queria manter a integridade da banda. Mesmo assim, o grupo poderia muito bem ter acabado quando o guitarrista teve problemas graves com as drogas, em meados dos anos 1970, e, de novo, quando estourou a "Terceira Guerra Mundial" entre ele e Mick, dez anos depois, e não há dúvida de que Keith acabaria fazendo o possível e o impossível para manter a chama acesa.

Ao contrário de Mick, Keith nunca mostrou verdadeiro interesse em nenhuma outra atividade que não fosse a música. Contudo, fez uma breve incursão pelo mundo do cinema no engraçado papel do capitão Teague, no terceiro filme da série *Piratas do Caribe*, intitulado *No Fim do Mundo* (2007).

Sua relação com a modelo americana Patti Hansen, que ele conheceu em 1979, acalmou Keith, e quando está trabalhando, parece estar feliz com a vida doméstica que passou a viver na casa que os dois construíram em Connecticut, nos EUA, em 1991.

"O Riff Humano", "o guitarrista sem lei", "o ser humano mais elegantemente gasto do mundo"; todos esses epítetos têm servido para descrever o homem que incorpora não somente o espírito dos Rolling Stones, mas a própria essência do rock'n'roll.

Nos últimos anos, tem havido certa dose de automitologia, e não só nas páginas da autobiografia de Keith, *Vida*. Mas não há dúvida de que Keith Richards é uma grande inspiração para os jovens pretendentes a roqueiros, de cabelo espetado e calça apertada, que tentam o sucesso. Ele teria dito que vai parar de tocar "quando pifar", e não há motivo para não acreditar nisso. Mas, por enquanto, o homem com pele de rinoceronte e constituição de boi continua rolando.

No alto, à esquerda: passe de Art Collins na turnê dos New Barbarians em 1979. Art era o vice-presidente executivo encarregado dos Stones nos EUA, de 1980 a 1986.

No alto: Keith como o pai do capitão Jack Sparrow (Johnny Depp), o capitão Teague, em *No Fim do Mundo*, terceiro filme de *Piratas do Caribe*, 2007.

À direita: vigoroso, lançando sua biografia, *Vida*, em Londres, em 3 de novembro de 2010.

1994: *VOODOO LOUNGE*

11 DE JULHO DE 1994
Voodoo Lounge (Virgin V2750)
Love Is Strong/You Got Me Rocking/Sparks Will Fly/The Worst/New Faces/Moon Is Up/Out of Tears/I Go Wild/Brand New Car/Sweethearts Together/Suck on the Jugular/Blinded by Rainbows/Baby Break It Down/Thru and Thru/Mean Disposition/

Cinco anos após *Steel Wheels*, os Stones lançaram seu 20º álbum de estúdio. Já se foram trinta anos desde o começo da banda. Visto como uma volta à boa forma por muitos críticos, foi sucesso de público, chegando ao nº 1 nas paradas da Inglaterra e da França e ao nº 2 na Billboard 200 dos EUA.

Embora o rancor e a desconfiança que minaram a relação de Mick e Keith tivessem quase desaparecido na época das gravações, ainda existiam muitas arestas que precisavam ser polidas e superadas. Entre as quais, principalmente, estava a direção musical que a banda deveria seguir ao entrar em sua quarta década juntos. Dessa vez, foi o novo produtor, Don Was, que acabou se incumbindo do papel de diplomata extraordinário.

Nascido em Detroit, Michigan, Was ficou conhecido como membro da bastante influente banda Was (Not Was), que foi pioneira com sua fórmula de som híbrido rock/dance/disco para o selo ZE Records, no começo dos anos 1980. Eles tiveram uma série de grandes sucessos mundiais, como "Walk the Dinosaur" e "Spy in the House of Love". Desde essa época, Was havia se tornado um tipo de camaleão musical, trabalhando com artistas tão diversos quanto Bonnie Raitt, The B52's, Neil Diamond, Roy Orbison, Elton John e Iggy Pop. Ele possuía uma grande habilidade para levar um som atual a artistas "veteranos".

Embora não fosse a escolha de Keith, Was logo se deu bem com o guitarrista com sua abordagem engraçada. Assim, Keith ficou mais feliz com o produto final do que Mick. Este queria que o som fosse

Acima à esquerda: lançamento do álbum *Voodoo Lounge*, Píer 60, Nova York, 3 de maio de 1994.

Acima: ao vivo na Alemanha, na turnê Voodoo Lounge europeia, 1995.

À esquerda: Mick com a bandeira britânica, em Nova York, 1994.

mais experimental. Keith e Was vetaram essa ideia, dando ao disco um ar mais tradicional.

Embora não seja um dos mais marcantes discos dos Rolling Stones, *Voodoo Lounge* tem alguns ótimos momentos, notadamente na faixa de abertura (e primeiro compacto), "Love Is Strong". Com sua potente bateria, o ataque de guitarras de Keith e Ronnie e a sublime gaita de Mick, a faixa é uma gema recente da banda, que se tornou ainda mais memorável graças ao clipe, dirigido por David Fincher, que mostra os Stones como gigantes passando por entre os arranha-céus de Manhattan. O segundo compacto, "You Got Me Rocking", é filho bastardo de "If You Can't Rock Me", do ótimo álbum *It's Only Rock 'n Roll,* e ainda hoje faz parte do repertório dos shows da banda.

Também há ótimas baladas, como "Thru and Thru" e "The Worst", de Keith – e o terceiro compacto do álbum, "Out of Tears", com o tecladista Chuck Leavell, é excelente, enquanto a beleza barroca de "New Faces" provou que eles ainda sabiam compor canções pop. Ela remete a tempos mais inocentes, e bem poderia se encaixar em *Between the Buttons*. No entanto, "Sweethearts Together", com ambiente latino, mostra Mick e Keith trocando harmonias no que pode se ver como uma referência irônica à relação frequentemente tensa da dupla.

Como nos outros álbuns recentes dos Stones, há mais quantidade do que qualidade. Com o formato de CD e quinze canções, o álbum tem mais de 62 minutos de duração, cerca de 20 minutos a mais do que um LP de vinil comum. Pelo menos três das músicas são descartáveis.

Como se a banda quisesse provar que acompanhava as novas modas e tecnologias, um CD-ROM de *Voodoo Lounge* foi lançado ao mesmo tempo que o álbum. Ele permite que os fãs "passem por *Voodoo Lounge*, encontrem os Stones (e outros) em misteriosas circunstâncias e resolvam quebra-cabeças".

Em 1º de agosto, após seis semanas de ensaios em Toronto como show "surpresa" no RPM Club, a banda deu início à turnê Voodoo Lounge no RFK Stadium, em Washington, DC. Essa turnê iria acabar mais de um ano depois, no final de agosto de 1995, e passou pela América do Sul (Brasil, Argentina e Chile), África do Sul, Japão, Austrália e Nova Zelândia. A parte europeia teve 39 shows, inclusive em Budapeste e em Praga.

Os ingressos mais procurados foram para os shows em pequenos "teatros" no Paradiso em Amsterdã, L'Olympia em Paris e Brixton Academy em Londres, em que a banda tocou um repertório de canções mais antigas e acústicas.

14 DE NOVEMBRO DE 1995

Stripped (Virgin V 2801)

Street Fighting Man/Like A Rolling Stone/Not Fade Away/Shine A Light/The Spider And The Fly/I'm Free/Wild Horses/Let It Bleed/Dead Flowers/Slipping Away/Angie/Love In Vain/Sweet Virginia/Little Baby

Stripped é o álbum acústico ao vivo da apresentação da banda no *MTV* "Unplugged", formato que fez muito sucesso no final dos anos 1980 e começo dos anos 1990, com shows de Mariah Carey, Nirvana e Paul McCartney, entre outros. No entanto, *Stripped* não é totalmente ao vivo e acústico, mas uma mistura de show ao vivo (no Paradiso, L'Olympia e Brixton, da turnê Voodoo Lounge) e ensaios gravados no Japão. A versão de "Like a Rolling Stone", de Bob Dylan, foi lançada em compacto, chegando entre as dez mais vendidas das paradas inglesa e americana.

À esquerda: Keith de joelhos em NY, 1994.

1997: *BRIDGES TO BABYLON*

Depois da frenética atividade dos dois anos anteriores, houve uma espécie de intervalo em 1996. Querendo fazer um disco mais moderno do que os dos Stones, Mick se dedicou novamente à sua carreira solo, dessa vez com renomados produtores de música dance, os Dust Brothers. De fato, ele chegou até a gravar demos em Atlanta, Geórgia.

No entanto, Keith estava reunindo sua banda ocasional, os X-pensive Winos, na Jamaica, enquanto Charlie gravava o terceiro disco com seu quinteto em Londres. Foi somente em outubro que surgiu a ideia de os Stones voltarem à ativa, quando Mick, Keith e Ronnie se encontraram em Nova York. Enquanto Keith e Ronnie queriam começar um novo projeto, Mick estava reticente, achando que o formato da banda reprimia sua criatividade. Contudo, chegou-se a um acordo em que eles iriam experimentar vários produtores, e até trabalhar sozinhos uns dos outros. Don Was seria produtor executivo, para dar unidade ao projeto. Enquanto planejavam o novo material, os Stones decidiram resgatar algo do passado; em 14 de outubro – simplesmente dezoito anos após o acontecimento –, *The Rolling Stones Rock and Roll Circus* foi finalmente lançado em CD, DVD e VHS. Gravado em 11 de dezembro de 1968, o concerto contava (além dos próprios Stones) com The Who, Taj Mahal, Jethro Tull, Marianne Faithfull e o supergrupo The Dirty Mac, com Keith, Mitch Mitchell, Eric Clapton, John Lennon e Yoko Ono. Previsto inicialmente para ser exibido na BBC, havia sido engavetado pelos Stones, que não ficaram contentes com sua própria apresentação.

Durante dezembro de 1996 e janeiro de 1997, Mick e Keith trabalharam em demos no Dangerous Music, em Nova York, antes de irem a Londres, em fevereiro, para continuarem o processo. Em março, a banda completa se reuniu no Ocean Way Recording, em Hollywood, com os produtores Dust Brothers e Danny Saber, e as sessões foram se sucedendo de vento em popa. As gravações acabaram finalmente em julho, o álbum foi masterizado no dia 11 de agosto, e uma semana depois a banda se reuniu em Nova York para anunciar os detalhes da próxima turnê, chamada Bridges to Babylon, que iria durar cerca de dois anos e se encerraria somente em junho de 1999.

27 DE SETEMBRO DE 1997
Bridges to Babylon (Virgin V8447121 – LP; 8449092 - CD)
Flip The Switch/Anybody Seen My Baby?/Low Down/Already Over Me/Gunface/You Don't Have To Mean It/Out Of Control/Saint Of Me/Might As Well Get Juiced/Always Suffering/Too Tight/Thief In The Night/How Can I Stop

O fato de trabalhar de formas discrepantes nem sempre leva a um todo coeso, e esse certamente é o caso de *Bridges to Babylon*.

Acima: Don Was – produtor de *Bridges to Babylon*.

À esquerda: lançamento da megaturnê sob a Ponte do Brooklyn, Nova York, agosto de 1997.

Uma vez que Mick recorrera aos serviços dos Dust Brothers e Danny Saber, suas canções tendiam a parecer mais elaboradas, enquanto as de Keith, que trabalhara principalmente com Don Was, tinham um clima mais orgânico.

O primeiro compacto, "Anybody Seen My Baby?", uma balada não muito lenta, mas pouco marcante, quase gerou problemas quando a filha de Keith, Angela, notou sua semelhança com o sucesso de K.D.Lang "Constant Craving". A batalha jurídica foi evitada quando ela e o coautor da canção original, Ben Mink, receberam créditos autorais ao lado de Jagger e Richards. O clipe é famoso por ter a participação da jovem Angelina Jolie.

Afora alguns momentos inspirados, entre os quais o segundo compacto, "Saint of Me", o reggae pop "You Don't Have To Mean It" (uma das três canções com Keith nos vocais) e a balada lasciva "Already Over Me", pode-se dizer que *Bridges to Babylon* é bem prosaico. "Flip the Switch" e "Gunface" são dois rocks no estilo Stones, mas logo esquecíveis, enquanto "Might As Well Get Juiced" é uma boa ideia gorada pelas técnicas de produção dos Dust Brothers.

O desespero de Mick para ser visto pelo radar do florescente mercado dance fez com que "Out of Control" e "Saint of Me" recebessem vários remixes de Armand van Helden, Todd Terry e Deep Dish. É mais do que provável que Keith Richards não tenha participado disso.

Fantástica turnê

Em 1998 a gigantesca turnê Bridges to Babylon continuou a cruzar o globo. Uma das características de sua montagem era "a ponte" que ligava o palco principal a outro, menor, situado a cerca de 150 metros, no meio da arena. Esse palco foi projetado por Mick e Charlie, juntamente com o arquiteto britânico Mark Fisher, que trabalhara anteriormente para shows do Pink Floyd (*The Wall*) e do U2 (*Zoo TV*), assim como para espetáculos teatrais como o apresentado pelo Cirque du Soleil em Las Vegas e o musical inspirado no Queen, *We Will Rock You*. No segundo palco, que permitia à banda ficar bem mais perto do público, ela tocava três ou quatro canções, antes de voltar ao palco principal.

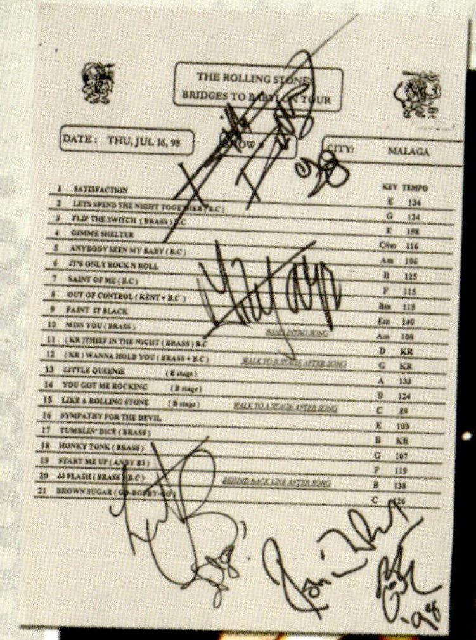

THE ROLLING STONES
BRIDGES TO BABYLON TOUR

DATE: THU, JUL 16, 98 | CITY: MALAGA

		KEY	TEMPO
1	SATISFACTION	E	134
2	LETS SPEND THE NIGHT TOGETHER (B.C)	G	124
3	FLIP THE SWITCH (BRASS) B.C	E	158
4	GIMME SHELTER	C#m	116
5	ANYBODY SEEN MY BABY (B.C)	Am	106
6	IT'S ONLY ROCK N ROLL	B	125
7	SAINT OF ME (B.C)	F	115
8	OUT OF CONTROL (KENT + B.C)	Bm	115
9	PAINT IT BLACK	Em	140
10	MISS YOU (BRASS) BAND INTRO SONG	Am	108
11	(KR) THIEF IN THE NIGHT (BRASS) B.C	D	KR
12	(KR) WANNA HOLD YOU (BRASS + B.C) WALK TO B STAGE AFTER SONG	G	KR
13	LITTLE QUEENIE (B stage)	A	133
14	YOU GOT ME ROCKING (B stage)	D	124
15	LIKE A ROLLING STONE (B stage) WALK TO A STAGE AFTER SONG	C	89
16	SYMPATHY FOR THE DEVIL	E	109
17	TUMBLIN' DICE (BRASS)	B	KR
18	HONKY TONK (BRASS)	G	107
19	START ME UP (ANDY B3)	F	119
20	JJ FLASH (BRASS + B.C) BEHIND BACK LINE AFTER SONG	B	138
21	BROWN SUGAR (GO-BOBBY-GO)	C	126

Em novembro de 1998, outro álbum ao vivo dos Stones chegou às lojas do mundo todo. Intitulado *No Security*, foi gravado durante vários shows da turnê Bridges to Babylon. Para diferenciá-lo dos recentes álbuns ao vivo, a banda decidiu incluir nele canções que raramente haviam sido tocadas ao vivo, entre as quais “Memory Motel”, “Waiting on a Friend” e “Respectable”. Também há uma versão de “Corrina”, sucesso de Taj Mahal. *No Security* foi o disco que apresentou pior desempenho de todo o catálogo dos Rolling Stones, em todas as categorias. Mal apareceu na parada inglesa, tendo ficado apenas uma semana, na 67ª posição.

A turnê Bridges to Babylon acabou em 20 de junho de 1999, no Mungersdorfer Stadium, em Colônia, na Alemanha. Foram 108 shows em dois anos, entre os quais, pela primeira vez, em Osaka, Moscou, Tallinn e Zagreb. Tudo somado, o público total foi estimado em mais de 4,5 milhões de fãs.

No alto à esquerda: lista de canções do show de Málaga, em 16 de julho de 1998.

Acima: vista do palco projetado por Mark Fisher.

À direita: Ronnie, concentrado.

MICK JAGGER

Michael Philip Jagger nasceu em 26 de julho de 1943, no Livingstone Hospital, em Dartford, Kent. Seu pai, Basil Fanshawe "Joe" Jagger, era professor (assim como o avô paterno de Mick), e sua mãe, Eva Ensley Mary, cabeleireira. O irmão caçula de Mick, Chris, nasceu em dezembro de 1947.

Embora Mick e um certo Keith Richards tivessem estudado juntos no ensino fundamental, eles vinham de meios diferentes, sendo a família de Mick da classe média e a de Keith, mais operária e boêmia. Joe Jagger incentivou seu filho a se dedicar ao esporte e à educação física, e Mick era um adolescente atlético, excelente no basquete e no críquete.

Assim como Keith, Mick se interessou pela música desde cedo. Gostava de cantar e imitar cantores de rock da época – Buddy Holly, Eddie Cochran, Elvis e Chuck Berry. Joe disse: "Nunca vi um jovem com tamanha abordagem analítica das coisas. Era capaz de reproduzir exatamente o som de qualquer canção".

O primeiro álbum que ele se lembra de ter comprado diz muito sobre o jovem Mick; era *Muddy Waters at Newport*. Na época, ele era um tipo de purista e ouvia Big Bill Broonzy, Sister Rosetta Tharpe e Leadbelly. Era tão apaixonado por música que poupava a mesada e os trocados para encomendar discos diretamente da Chess Records, em Chicago.

Em julho de 1961, Mick, com ótimas notas, conseguiu uma vaga na prestigiosa London School of Economics (LSE). Ao receber a bolsa, assinou um termo em que se obrigava a completar o curso de economia e ciências políticas. No entanto, tudo mudou quando ele esbarrou em Keith naquele dia fatídico, alguns meses depois.

Como cantor da "maior banda de rock'n'roll do mundo", a vida pessoal de Mick sempre esteve no foco de uma fascinada mídia mundial. Suas relações com uma série de mulheres lindas e famosas ajudaram a vender jornais e revistas em todo o mundo, e desde sua primeira aventura publicamente conhecida, em 1964, com a modelo Chrissie Shrimpton (irmã caçula do famoso ícone dos anos 1960, Jean Shrimpton), seus romances fizeram os títulos das manchetes.

Em 1966, ele se envolveu com Marianne Faithfull. Faithfull, já casada, havia sido descoberta pelo empresário dos Stones, Andrew Loog Oldham, dois anos antes, quando cantava num café, e sua carreira deslanchou com a canção de Jagger/Richards "As

Acima: Mick ao longo do tempo. Novato, em dezembro de 1963; fotografado por Andy Warhol, em 1975; sendo penteado para um programa da BBC, em 1974; e tornando-se Membro do Império Britânico, em dezembro de 2003.

Tears Go By". Os constantes problemas dela com drogas levaram a tempestuosa relação dos dois ao fim em maio de 1970.

Em maio de 1971, Mick se casou com a modelo e socialite nicaraguense Bianca Perez-Mora Macias. Conheceram-se numa festa, após um show dos Stones no Palais des Sports, em Paris. A filha deles, Jade, nasceu em 21 de outubro do mesmo ano.

A relação de Mick com Bianca provocou atritos com Keith, que achava a influência de Bianca sobre seu parceiro pouco saudável e contrária à ética de trabalho do grupo.

O casamento durou pouco, e, com Bianca alegando adultério (Mick já estava namorando a modelo texana Jerry Hall havia mais de um ano), eles se divorciaram em maio de 1978. Jerry Hall ficou conhecida como uma das primeiras supermodelos, e após namorar o cantor do Roxy Music, Bryan Ferry, ela apareceu na capa de *Siren*, disco da banda de 1975. Conheceu Mick após um show dos Stones em Earls Court, em maio de 1976, mas eles começaram a namorar somente após um jantar organizado por um amigo comum, em Manhattan, no ano seguinte. "Casaram-se" em 21 de novembro de 1990, em Bali (a cerimônia hindu mais tarde foi julgada ilegal), e se separaram oficialmente (de novo por motivo de infidelidade da parte de Mick) em 1999. Tiveram quatro filhos: Elizabeth, James, Georgia May e Gabriel. Mick também teve filhos de duas curtas relações: Karis (com a cantora americana Marsha Hunt) e Lucas (com a modelo brasileira Luciana Gimenez Morad). Sua última paixão é a estilista americana L'Wren Scott.

Fora dos Rolling Stones, sua carreira solo tem sido medianamente satisfatória. Seu último disco solo, *Goddess in the Doorway* (causticamente rebatizado *Dogshit in the Doorway* por um certo Keith Richards Esq.), lançado em 2001, foi quase universalmente malhado pela crítica. No entanto, conseguiu vender os suficientes 60 mil exemplares para se tornar disco de prata na Inglaterra. A realização do álbum foi acompanhada de um documentário bastante autoenaltecedor, *Being Mick*, exibido em redes de televisão na Inglaterra e nos EUA.

Mick também seguiu uma carreira intermitente como ator. Seu papel mais crível e mais bem recebido pela crítica apareceu em 1970 com a realização de *Performance*, obra-prima cult dos diretores britânicos Donald Cammell e Nicholas Roeg, filmado em 1968, que ele estrelou com Anita Pallenberg e James Fox. Depois disso ele atuou em *Ned Kelly*, de Tony Richardson, também lançado em 1970. No entanto, a filmagem teve vários problemas, e o filme foi renegado tanto por Richardson e como por Jagger. Desde então, ele teve papéis menores em alguns projetos, como a ficção científica *Freejack* (1992), *Bent* (1997 – como um travesti em Berlim) e *Confissões de um Sedutor* (2002).

Em 1995, fundou sua própria produtora de filmes, a Jagged Films, com Victoria Pearman. Seu maior sucesso até hoje foi a adaptação do romance *Enigma*, de Robert Harris.

Em 12 de dezembro de 2003, Michael Philip Jagger, que já fora fustigado pelo *establishment* britânico, compareceu no Palácio de Buckingham para receber o título de cavaleiro. Keith, claro, foi depreciativo ao extremo...

À esquerda: no estúdio, gravando "Sympathy for the Devil", em 1968.

DE 2000 EM DIANTE: *FORTY LICKS* E *A BIGGER BANG*

Em maio de 2002, os Stones se reuniram em Paris para gravar um novo material que iria entrar no próximo disco duplo de grandes sucessos, *Forty Licks*. O álbum seria o primeiro "best of" a cobrir toda a carreira e marcaria com chave de ouro o 40º aniversário da banda. Houve um acordo entre a Virgin e a ABKCO para que o CD duplo fosse dividido igualmente entre o catálogo de Klein e o posterior a 1971. *Forty Licks* se mostraria um golpe de mestre, com mais de 6 milhões de cópias vendidas no mundo todo.

A turnê Licks, que se seguiu ao lançamento do álbum, também teve nova abordagem, uma vez que a banda tocou em três tipos de palcos distintos na maior parte das cidades que visitou: estádios, salas fechadas e clubes. Assim, quando a parte europeia da turnê começou, em Munique, na Alemanha, eles tocaram no gigantesco Olympiastadion, na sala Olympiahalle e no minúsculo Circus Krone. Para manter o frescor, os Stones ensaiaram mais de cinquenta canções, de maneira que o programa pudesse mudar radicalmente a cada show. Dessa forma, puderam tocar um álbum-chave por noite, como *Let It Bleed*, *Sticky Fingers* e *Exile on Main Street*.

Quando a turnê Licks se encerrou, em Hong Kong, em setembro de 2003, doze meses depois do início, a banda havia feito 117 shows em cinco continentes.

A turnê foi documentada em *Four Flicks*, suntuosa caixa de quatro DVDs lançada em novembro de 2003. Ela contém três shows inteiros: um de arena (Madison Square Garden, Nova York), um de estádio (Twickenham, Londres) e um de teatro (L'Olympia, Paris). Há também um documentário e entrevistas da banda e da equipe. Um disco ao vivo também foi lançado, *Live Licks*, um tanto supérfluo.

Em março de 2004, depois de uma pausa de poucos meses, os Stones de novo escolheram Paris para se encontrar e conversar sobre seus futuros planos. No entanto, desta vez, dois problemas maiores surgiram. Logo depois do encontro, Charlie foi diagnosticado com câncer na garganta. Felizmente, ele se entregou a uma radioterapia a tempo e ficou totalmente curado, mas os planos de uma nova turnê precisaram ser adiados. Revelou-se também que Ronnie, por sua vez, estava seguindo um tratamento contra o alcoolismo, e seu médico lhe pedira que parasse de fumar e evitasse todo tipo de risco para a saúde nos dois anos seguintes. Assim, com os dois outros membros indisponiblizados, os Glimmer Twins decidiram seguir em frente assim mesmo e foram se alojar no castelo francês de Mick, no vale do rio Loire, para escrever novas canções juntos.

No alto à esquerda: guitarra Fender Telecaster (assinada pela banda e por Martin Scorsese), na promoção de *Shine a Light*.

À esquerda: Munique, em 5 de junho de 2003. A banda na coletiva de imprensa para o início da turnê Forty Licks.